ABA
早期療育プログラム
DTTの
理解と実践

監修 一般社団法人東京ABA発達支援協会
編著 橘川 佳奈

学苑社

はじめに

2008年11月、私たちは、『東京ABA支援の会』として、応用行動分析学（ABA: Applied Behavior Analysis）に基づいた療育活動を始めました。ABA療育は、米国では1960年代にロヴァス博士が、自閉症早期介入プロジェクトを開発し、1987年に目覚ましい成果を発表してから、エビデンスに基づいた最も有効な療育プログラムとして公的に認められてきましたが、日本ではまだあまり実績がないという状況にありました。

しかし、ここ10年ぐらいの間に、発達障害専門外来や療育センターなどでも、ABA療育の効果が認められるようになり、実際、ABA療育を行う療育機関も増えました。親御さんの間でも、ABA療育への関心や期待が高まり、ABA療育を希望される方が多くなったのは、ABA療育に長く携わってきた者としては大変喜ばしいことです。ただ、その一方で、ABA療育といっても、ABA理論のごく一部を取り入れただけのものであったり、やり方にばらつきがあったりと、ABA療育とは言い難いものも少なくなく、お子さん達は、本当にABA療育を受けられているだろうかと心苦しくも感じています。

そのような思いから、今回、東京ABAで行ってきたABA療育について紹介させていただくことにしました。本書では、私が米国ニューヨーク市の早期介入専門機関において、家庭訪問型のサービス提供をする部門で、クリニカル・スーパーバイザーをしていた時に使っていたプログラムをもとに、東京ABAに通われる2歳前から6歳ぐらいのお子さんのために作り直したものをまとめました。ABA療育の中でも、主に療育の初期に使うDTT（Discrete Trial Training）というスタイルで、基本的には1対1で進めていくプログラムが中心になっています。DTTの手順、データの記録や分析の方法なども併せてお読みいただければと思います。

他の療育方法と同じように、ABA療育も単純にマニュアル通りにできるものではありません。私たちも、目の前にいるお子さんに、最も効果的な療育を提供しようと、常に"四苦八苦"しています。本書が、単なるABA療育のマニュアル本としてではなく、ABA療育の基本を知る、あるいは見直す一助になることを心より願います。

2024年7月

一般社団法人 東京ABA発達支援協会

代表理事・統括ディレクター 橘川佳奈

本書の使い方

　第Ⅰ部の第1章と第2章では、ABA療育を行うにあたり、理解しておくべき基本的なABA理論について、第3章と第4章では、ABAの療育プログラムの進め方を具体的に説明しています。

　第Ⅱ部で紹介したDTTのプログラムは、おおむね2〜6歳のお子さんを対象にしており、難易度としては初級から中級の半ばぐらいのものです。お子さんが、"呼びかけにほとんど応じない""椅子にじっと座っていられない"という状態から、ABA療育を始めることも少なくないため、「呼びかけに応える」「椅子に座る」プログラムから始めていますが、プログラムは全てを番号順にこなしていかなければならないというわけではありません。当然のことですが、プログラムも同時に進めるプログラムの数も、お子さんの発達の特性、興味・関心、学びのパターンなどに合わせて決めていきます。

　それぞれのプログラムは、一貫性を保つために、通常は書いてある手順通りに進めていきます。独特ともいえる指示も教材も、いつも同じやり方で提示するようにしてください。しかし、そのまま書いてある通りにやれば、うまくいくとは限りません。実際は、「プログラム事例」でも説明していますが、一人ひとりのお子さんに合わせて、ターゲットの順番が入れ替わったり、追加のターゲットを足したりと柔軟に対応することが求められます。時として、指示や教材の出し方、プロンプトのタイミングさえ、微調整する必要があることも覚えておいてください。

　もう一つ強調したいのが、データの記録と分析の大切さです。DTTを適切に進めていくためには、一つひとつの反応を記録し、データの全体的な傾向を分析して、療育の方向性を決めることが要となります。データシートは、自分で使いやすいように作成して構いませんが、付録のデータシートを参考にしてみてください。

　最後に、ABA療育の成果を最大限に引き出すために、できれば定期的に、経験豊かなABA療育の専門家から、スーパービジョンを受けることをお勧めします。特に、プログラムが思うように進まない時、療育の方向性が不確かな時は、そのままにせずに専門家に相談するようにするとよいでしょう。

目　次

はじめに ……………………………………………………………………… 001

本書の使い方 ………………………………………………………………… 002

第Ⅰ部

ABA療育の基礎理論

第1章 行動を増やす・減らす …………………………………………… 10

   1　強化と弱化の仕組み ……………………………………………… 11

   2　強化子のポイント ………………………………………………… 18

   3　消去 ………………………………………………………………… 19

第2章 問題行動の機能を知る …………………………………………… 22

   1　問題行動の機能分析 ……………………………………………… 23

   2　問題行動の介入方法 ……………………………………………… 26

第3章 ABA療育を始める準備 ………………………………………… 30

   1　情報収集と発達評価 ……………………………………………… 30

   2　療育の目標設定 …………………………………………………… 32

   3　療育の目標とプログラム ………………………………………… 33

   4　療育の環境 ………………………………………………………… 35

第4章 ディスクリート・トライアル・トレーニング
（DTT: Discrete Trial Training） ……………………………………… 37

   1　ディスクリート・トライアル・トレーニングとは ……………… 37

   2　DTTの進め方 ……………………………………………………… 39

   3　プロンプトの種類と使い方 ……………………………………… 44

   4　データの記録と分析 ……………………………………………… 48

第Ⅱ部

ABA 療育プログラム

① 呼びかけに応える	56
② 椅子に座る	57
③ 要求／マンド	58
④ 従順	59
⑤ 指示理解	60
⑥ 動作模倣［物・道具あり］	61
⑦ 動作模倣［物・道具なし］	62
⑧ マッチング	63
⑨ 積み木模倣	64
⑩ 身近なひと	65
⑪ 分類	66
⑫ 「見て」	67
⑬ 口の動きの模倣	68
⑭ 音・語の模倣	69
⑮ 手先の動きの模倣	70
⑯ ごっこ遊びⅠ	71
⑰ はい―いいえ［要求］	72
⑱ 体	73
⑲ 生活道具	75
⑳ 動物	76
㉑ 色	77
㉒ 形	78
㉓ 食べもの・飲みもの	79
㉔ くだもの・野菜	80

㉕ 乗りもの 81

㉖ 身につけるもの 82

㉗ 動作Ⅰ 83

㉘ 動作Ⅱ 84

㉙ 対のことば 85

㉚ 仲間のことば／カテゴリー 86

㉛ ものの機能 87

㉜ 会話［質問に答える］ 88

㉝ はい—いいえ［正否］ 89

㉞ 位置・場所 90

㉟ 数字 91

㊱ 数量Ⅰ 92

㊲ 数量Ⅱ 93

㊳ パターン 94

㊴ 感情 95

㊵ ごっこ遊びⅡ 97

㊶ 共同注意 98

㊷ 工作 99

㊸ お絵描き 100

㊹ 同じ—違う 101

㊺ 順序 102

㊻ ものの特徴 103

㊼ 働く人 104

㊽ 公共の場所 105

㊾ 部屋 106

㊿ 天気 107

51 季節 108

52 何がなくなった？ 109

53 何がおかしい？ ……………………………………………………… 110

54 会話［続けるⅠ］ …………………………………………………… 111

55 会話［続けるⅡ］ …………………………………………………… 112

56 会話［質問をする］ ………………………………………………… 113

57 音の聴き分け ………………………………………………………… 115

58 関係するもの ………………………………………………………… 116

59 原因と結果 …………………………………………………………… 117

60 ひらがなⅠ …………………………………………………………… 118

61 ひらがなⅡ …………………………………………………………… 119

62 文章理解［聞く］ …………………………………………………… 120

63 文章理解［読む］ …………………………………………………… 121

第Ⅲ部

ABA療育の実践例

プログラム事例Ⅰ …………………………………………………… 124

プログラム事例Ⅱ …………………………………………………… 127

プログラム事例Ⅲ …………………………………………………… 130

ケースレビューⅠ …………………………………………………… 134

ケースレビューⅡ …………………………………………………… 140

巻末付録

付録1〜付録6 ……………………………………………………… 148-153

おわりに ……………………………………………………………… 154

参考文献 ……………………………………………………………… 155

第 I 部

ABA 療育の基礎理論

療育を受けるにあたり、ことばが話せるようになってほしい、もっと友達と遊べたらいいのに、切り替えや気持ちのコントロールがうまくなってほしいなど、お子さんへの"願い"はさまざまでしょう。ABA療育では、そのような願いに対して、個々のニーズに合わせて系統的なアプローチをしています。

　ABA（Applied Behavior Analysis: 応用行動分析）ということば自体は、以前よりも広く知られるようになり、療育や教育の現場でも耳にすることが多くなりました。しかし、ABAが単に療育のやり方や技法の名称と誤解されていることも少なくありません。

　ABAは『行動の原理を種々の問題の解明に応用し、改善を導く行動の科学』であり、療育や教育はもちろん、医療・リハビリテーション、スポーツ、産業などの分野でも数々の実績が報告されています。またABAの重要な基準として、Baer et al.（1968）は、学術誌 Journal of Applied Behavior Analysis の創刊号で、以下の7つの次元を提唱しています。

　①応用的（Applied）：生活を改善し向上させることに焦点を置き、人や社会にとって意義のある行動を選択すること、②行動的（Behavioral）：観察および測定可能な行動を対象とすること、③分析的（Analytic）：行動を起こすことと起こさないことのコントロールができていること、④技術的（Technological）：介入の手順が詳細かつ明確に記述されており、誰が実践しても同じ結果を導くことができること、⑤概念体系的（Conceptually Systematic）：行動の原理に基づいているということ、すなわち、直感的なものではなく、理論に基づいた方法を使用しているということ、⑥効果的（Effective）：行動が社会的に意義のあるレベルにまで改善すること、つまり社会的な妥当性を満たさなければならないこと、⑦一般的（Generality）：行動の変化が、時間を越えて持続し、さまざまな場面で見られること、です。そして、これらのどの次元が欠けていても、ABAとはいえないのです。

　そのため、ABA療育では、これら7つの次元を常に念頭に置き、新しいスキルの習得であっても、問題行動の軽減であっても、まず、お子さんやご家族にとって意義のある目標を定めます。お子さんやご家族の"願い"を尊重しながら、生活をより良いものにするために実現性の高い目標を設定します。目標設定する際に大切なのは、観察がで

第Ⅰ部　ABA療育の基礎理論

きて測定ができる行動を対象とすることです。例えば、「おもちゃを欲しがる」は「おもちゃに手を伸ばす、おもちゃを指さしてアアと声を出す」というように、また「乱暴する」は「友達をたたく、噛む」というように、できるだけ具体的に定義する必要があります。そして、療育の手順は、誰が行っても同じ結果になるように、詳しくわかりやすく示さなければなりません。さらに、介入前後のデータを比較分析しながら、療育の方向性を調整し、より効果的な療育を目指します。ABA療育の究極的な目標は、お子さんやご家族が幸せで有意義な生活を送ることですが、そのためには、行動の科学に基づいた繊細な計画と実行が必要になるのです。

ここに注目

　ABAは行動の科学であるといいましたが、ABAにおいて、行動であるかどうかの判断に、「死人テスト」というものが使われます。死人とは、ちょっと衝撃的なことばかもしれませんが、ABAでは、死人にもできることは行動ではないと考えます。例えば、「おもちゃで遊ばない」「癲癇を起さない」などと否定形で表現されるものは、死人でも可能なために行動とはみなしません。その他「おもちゃを取られる」「たたかれる」などの受け身形や、「座っている」「黙っている」などの状態は、死人にもできることから、行動とはいえないのです。

　また、標的とする行動は、なるべく具体的に定義する必要がありますが、それはその定義を聞いた誰もが同じ行動をイメージするという目的があります。例えば、「努力する」「友達を思いやる」という目標は、人によって考える行動が異なる可能性があり、実際どのような行動を意味しているのかが曖昧です。効果的な介入方法を見出すためには、標的とする行動をできるだけ具体的に定義することが大切です。

9

第 1 章　行動を増やす・減らす

本章では、行動がどのようにして起きているのか、その仕組みについて説明します。行動には、その行動が起きる前と起きた後の事象が存在します。行動が起きる前の事象を先行事象（きっかけ）、起きた後の事象を後続事象（結果）と呼びます。それでは、洗濯物をたたむという行動と、レストランで注文をするという行動の例を見ていきましょう。

まず洗濯物の例ですが、"洗濯物がある"という状況（きっかけ）があり、それを見て"洗濯物をたたむ"という行動が起きます。そして洗濯物をたたんだことで、お母さんに褒めてもらいました。この場合、洗濯物がなければ、それをたたむという行動は起こらず、その結果、褒められることにはなりません。

例1

それでは次の例はどうでしょうか？　レストランで"注文する料理が決まった"ので、"ウェイターを呼び"、注文しました。当然、注文したい料理が決まっていなければ、ウェイターを呼ぶこともなく、その結果、注文をすることもありません。

例2

このように、日常の何気ない行動を見ても、行動のきっかけとなる事象と行動の後に起こる事象が必ず存在します。行動を先行事象と後続事象とのつながりで分析することを、行動の ABC 分析と呼びます。A は先行事象（Antecedent）、B は行動（Behavior）、C は後続事象（Consequence）の頭文字です。

第Ⅰ部　ABA療育の基礎理論

　基本的に、全ての行動は、先行事象・環境−行動−後続事象・結果の三つの項からなる連鎖、すなわち三項随伴性で説明することができます。行動の三項随伴性を理解することは、どのような条件のもとで行動が起こり、どのように行動が変化し維持されるのかを知ることになり、先行事象と後続事象を操作することで、行動を起こしたり起こさなかったりすることが可能になります（図1-1）。

図1-1　三項随伴性

 強化と弱化の仕組み

　それでは、さらに行動が増える仕組みと減る仕組みについて見ていきましょう。ABAでは行動の自発頻度が増えることを「強化」、行動の自発頻度が減ることを「弱化あるいは罰」（以降、弱化と記す）と呼んでいます。まずは、先ほどの洗濯物の例を、もう一度見てみましょう。着目のポイントは、行動の直後の後続事象と将来的にその行動が増えるかどうかということです。

例1

　洗濯物が置いてあったので、洗濯物をたたんだら、お母さんに褒められました。後続事象の"褒められた"ということが、この人にとって嬉しいことだったので、それ以降、洗濯物が置いてあるとたたむようになりました。洗濯物をたたむという行動が、母に褒められて強化されたという例です。それでは、次の例はどうでしょうか。

11

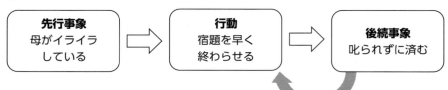

例2

　お母さんがイライラしていたので、宿題をさっさと終わらせたら、お母さんに叱られませんでした。叱られることを回避できたという良い経験から、それ以降、お母さんがイライラしている時は、宿題をすぐに終えるようになりました。こちらの例でも、叱られずに済んだ経験から、宿題を早く終えるという行動が強化されています。

　それでは、行動が減る例についても見ていきましょう。

例3

　お兄ちゃんと遊んでいる時に、お兄ちゃんのおもちゃを取ったら、たたかれました。たたかれたのは怖くて痛かったので、それ以降、お兄ちゃんのおもちゃを取るのは止めました。こちらの例では、たたかれたことで、お兄ちゃんのおもちゃを取るという行動が弱化されています。

例4

　ゲーム機で遊んでいた時に、うまくいかずにゲーム機を投げたら、お母さんにゲーム機を取り上げられてしまいました。ゲーム機を取られて嫌だったので、それ以降、うまくいかなくても投げずに遊ぶようになりました。ここでも、ゲーム機を投げるという

行動は弱化されています。

　このように、ある先行事象の後に取った行動と、その行動の後に起きた結果によって、行動の自発頻度は増えたり減ったりします。**図1-2**は、その強化や弱化の仕組みについてまとめたものです。

		刺激の提示（正）	刺激の除去（負）
自発的行動の発生頻度	強化（増加）	正の強化	負の強化
	弱化（減少）	正の弱化	負の弱化

●正：提示（受ける）
●負：除去（取り除かれる）
○強化：行動の増加
○弱化：行動の減少

※弱化は「罰」ともいう

図1-2　行動の強化と弱化

　行動が増える「強化」には、正の強化と負の強化があります。行動の後に、その人にとって良いことや嬉しいことがあったことで行動が増えるのを「正の強化」、嫌なことや不快なことが取り除かれたことで行動が増えるのを「負の強化」といいます。正と負は、ポジティブ（良い）とネガティブ（悪い）ではなく、提示（受ける）と除去（取り除かれる）という捉え方をするとわかりやすいかもしれません。

　一方、行動が減る「弱化」には、正の弱化と負の弱化があります。行動の後に、本人にとって嫌なことや不快なことがあったことで行動が減るのは「正の弱化」、本人にとって良いことや嬉しいことがなくなったことで行動が減るのは「負の弱化」といいます。

　また、行動後の好ましい嬉しい結果は、「強化子」もしくは「好子」と、好ましくない嫌な結果は、「弱化子」もしくは「嫌子」と呼ばれています。とりわけ「強化子」は、ABA療育において重要な役割を担っています。それでは、もう少し例を使って、正の強化、負の強化、正の弱化、負の弱化について確認していきましょう。

【正の強化】

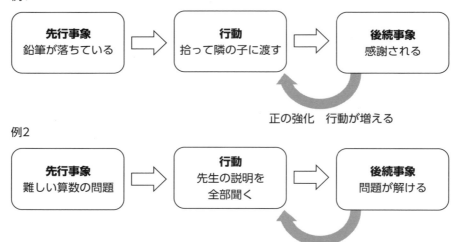

　繰り返しになりますが、正の強化は、行動の結果、その人にとって良いことや嬉しいことがあって、行動の自発頻度が増えることをいいます。例1では、鉛筆が落ちていたので、それを拾って隣の席の子に渡すと、ありがとうと言われました。友達に感謝されて嬉しかったので、また落し物を見つけると「拾って渡す」行動は多くなります。

　例2では、算数の時間に、難しい問題が出されましたが、先生の説明を全部聞いていたら、問題が解けました。問題が解けていい気持ちがしたので、これからも先生の説明を「よく聞く」行動は増えます。友達からの感謝や問題が解けた成功体験は、それぞれの行動を増やす強化子というわけです。

　例3は、算数の時間に、難しい問題が出されたのは同じですが、つまらなくて野次を飛ばすと、クラスメートがドッと笑いウケました。笑いを取ったのが嬉しかったので、今後難しい問題でつまらなくなると、「野次を飛ばす」ようになるのも正の強化です。この場合、クラスメート達の笑いが強化子となっています。

【負の強化】

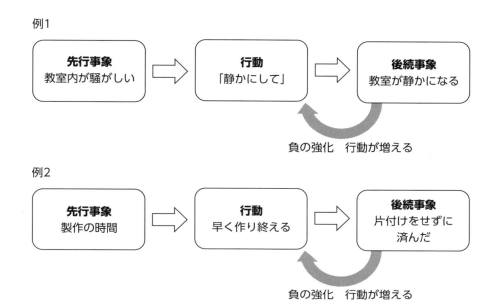

　負の強化は、行動の結果、その人にとって嫌なことや不快なことが取り除かれたことで、行動の自発頻度が増えることをいいます。例1では、教室内がとても騒がしく不快でしたが、勇気を出して静かにするように頼んだら、皆が静かになりました。騒がしくなくなり快適になったので、これからも騒がしい時は、「静かにして」と頼むようになります。例2では、製作の時間に、早く作り終えたら、最後の片付けをしないで済みました。片付けは大変な作業でやらずにホッとしたので、次回からも早く作り終えるようになります。

　この例では、授業中、プリントが配られましたが、それを破いてしまったところ、プリントをやらずに済みました。本人にとって、プリントをやらずに済んだのはラッキーで嬉しかったので、今後もプリントをやりたくない時は、破いて避けようとします。

このように、好ましい行動であれ、好ましくない行動であれ、正の強化あるいは負の強化により行動は増加します。もしも誤って好ましくない行動を強化してしまった時は、行動の原理に基づいて、適切に減らすもしくは消す手続きを取る必要があります。

【正の弱化】

例1

| 先行事象
友達が積み木で
家を作る | ⇒ | 行動
ふざけて家を壊す | ⇒ | 後続事象
友達に怒鳴られる |

正の弱化　行動が減る

例2

| 先行事象
授業中 | ⇒ | 行動
立ち歩く | ⇒ | 後続事象
先生に叱られる |

正の弱化　行動が減る

例3

| 先行事象
ヒーター | ⇒ | 行動
ヒーターに触る | ⇒ | 後続事象
火傷をする |

正の弱化　行動が減る

　正の弱化は、行動の結果、その人にとって嫌なこと不快なことが起きて、行動の自発頻度が減ることをいいます。上の3つの例では、ふざけて家を壊して友達に怒鳴られたり、授業中立ち歩いて先生に叱られたり、ヒーターに触って火傷をしたりと、どれも好ましくない嫌な結果になってしまいました。そのため、もうふざけて友達のものを壊したり、立ち歩いたり、ヒーターに触ったりしなくなるというように、それぞれの行動が減っていきます。

　一般的に、子どもが不適切な行動をした時、大人は注意したり叱ったりするものですが、もしこの「注意される」「叱られる」ことが、子どもにとって嫌で不快なことでなければ、不適切な行動が減ることはないということを憶えておくといいでしょう。

【負の弱化】

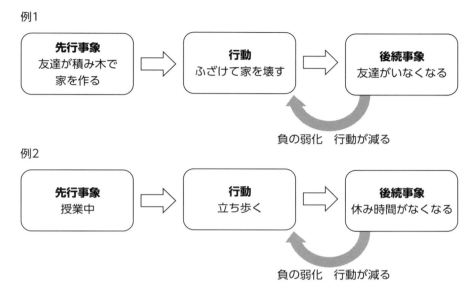

　負の弱化は、行動の結果、その人にとって良いこと好ましいことが取り除かれたことで、行動の自発頻度が減ることをいいます。こちらの例は、先行事象も行動自体も先ほどの正の弱化の例と同じですが、後で起きた事象が異なっています。

　初めの例では、友達と楽しく遊んでいた時に、友達が作った積み木の家をふざけて壊してしまったら、友達が怒ってその場から去ってしまいました。友達がいなくなったのは寂しくて嫌だったので、次からはふざけて友達のものを壊すようなことはしなくなります。次に、授業中、立ち歩いていたら、休み時間に教室に残って課題をすることになってしまいました。休み時間がなくなったのは嫌だったので、以後、授業中に立ち歩くことはやめます。

　このように、あらゆる行動を、先行事象・環境－行動－後続事象・結果の三項随伴性で捉えると、その行動がどのように起きて保たれているのかを理解できるようになります。第2章では、問題行動の対処法について説明しますが、その前に、行動を三項随伴性の枠組みで考える習慣を身につけると役に立つでしょう。

強化子のポイント

　第1節で述べたように、行動が増えることを「強化」、行動を強化する刺激を「強化子」と呼びますが、その強化子には、一次性強化子と二次性強化子の2種類があります。一次性の強化子とは、食べ物や水、感覚的な快感など、私達が生れながらにして持ち合わせている生得的な強化子をいい、二次性の強化子とは過去の経験から学んだ強化子をいい、ABA療育では、おもちゃ、褒めことば、シール、トークン、セラピストと遊ぶなどがよく使われます。

　子どもの学びは、どのような強化子を選ぶか、またどのようなタイミングであたえるかに大きく影響されます。それゆえ、セラピストは、子どもが好きそうなもの、喜びそうなものに対して、常にアンテナを張り、強化子の引き出しをたくさん準備しておくことが大切です。

　当然のことですが、子どもの好みや興味は常に同じではなく、その時その時で変わります。さっきまで喜んで遊んでいたおもちゃに、急に飽きてしまうということはよくあります。また、子どもによっては、おもちゃや褒めことばなどの二次性の強化子があまり機能せず、お菓子や飲み物などの一次性強化子が効果的であることがありますが、お菓子や飲み物は、お腹が満たされていると、その価値が半減するため、あたえる量や頻度についても配慮しなければなりません。

　強化子をあたえる際の1つ目のポイントは、子どもが正しく答えたり、良いことをしたりしたら、すぐに強化子を渡すということです。好ましい行動が、いずれ安定して見られるようになれば、強化子をあたえるタイミングを、少しずつ減らしたり遅らせたりしていくという方法がありますが、まずは、増やしたい行動が見られたら即座に強化して定着させるようにしましょう。強化子のスケジュールについては、本章末の「ここに注目」の❷を参考にしてください。

　2つ目のポイントは、強化子は子どもが好ましい行動をした時にだけあたえることを徹底するということです。「○○したらXXがもらえる」という行動の随伴性を学ぶこ

とが重要です。増やすべき行動のみを強化し、増やすべきではない行動を誤って強化しないようにしましょう。

　そして3つ目のポイントは、子どもの課題や状況に合わせて、強化子の強さを調整するということです。難しい課題がやっとできた時と、簡単にすんなり終えられた時とでは、あたえる強化子の質や量を変える必要があります。子どもが好きなものといっても、大好きなものから、まあまあ好きなものまで幅があるので、頑張って成し遂げた時には、特にお気に入りのご褒美をあたえるようにすると効果大です。いつものご褒美を数多く、あるいは長い時間あたえるというのもよいでしょう。

3　消去

　これまで、行動を強化して増やす、弱化して減らすことについて説明してきましたが、強化された行動が、行動を維持していた強化子を撤去することによって、それ以降、行動が起らなくなることを「消去」といいます。

　前述の洗濯物の例では、洗濯物をたたんだら、お母さんに褒められたので、洗濯物があればたたんでいました。しかし、何回かたたんでいたら、お母さんが褒めてくれなくなりました。すると、洗濯物をたたむという行動がなくなっていきました。この場合、褒められるという強化子がなくなったため、たたむという行動が消去されたと考えます。それでは、算数の時間の野次はどうでしょうか。初めは笑っていたクラスメート達も、次第に反応しなくなりました。クラスメート達が笑わなくなったため、当然、野次も消去されることになります。

　実際、消去の手続きは問題行動の介入に頻繁に使われます。例えば、野次の例のように、他者からの注目が強化子である問題行動には、注目をあたえず、意図的に無視することが有効です。ただし、消去の手続きを使う際には「消去バースト（Extinction Burst）」に注意しなければなりません。一時的にその問題行動の頻度や強度が増したり、あるいは別の問題行動が生じたりする可能性があるからです。それまでは、大声を出せば注目してもらえたのに、急に注目してもらえなくなったために、もっと大きな声

で叫んだり、自分の頭をたたいたりするというようなことが起こりえます。第2章でも詳しく説明しますが、問題行動の消去を行う際は、その行動の一時的な悪化を考慮する必要があり、悪化した時の対応方法についても事前に確認しておくことが大切です。

ここに注目

❶ 楽しくなければ ABA 療育じゃない

　正の強化や負の強化で、行動が増える仕組みを説明してきましたが、教育や療育の場面で大切なのは「正の強化」です。ご褒美がもらえるのが嬉しい、褒められたり注目されたりするのが嬉しいだけでなく、自分自身できることが増えて楽しい、もっと学びたいなど、たくさんの良い経験が好ましい反応の獲得に結びつくことは素晴らしいことです。

　ここで注意してほしいのは、行動を増やすのが「負の強化」になっていないかということです。例えば、もし子どもが、叱られないように、何度も言われないように、とりあえず正解しておこうというのであれば、これは負の強化になります。先生が怖いからとか、しつこく言われて嫌だからとか、自分にとって嫌なことや不快なことから逃れるための行動だとすれば、意味のある学びとはいえないのではないでしょうか。

　療育中、セラピストはさまざまな目標に向かって、時として厳しい姿勢で、練習やトレーニングを進めることが少なくありません。しかし、本質的に、子どもにとって楽しく喜ばしい学びになっているかということを常に考えることが大切です。『楽しくなければ ABA 療育じゃない』ということを、いつも意識してほしいと思います。

❷ 強化のスケジュール

　強化のスケジュールには、大別して、1）連続強化（固定強化）と2）部分強化（変動強化）があります。反応する度に毎回強化子があたえられるのを連続強化スケジュール、回数や時間など決められた条件を満たした時のみ強化子があたえられるのを部分強化スケジュールといいます。部分強化スケジュールはさらに、固定比率［Fixed Ratio］、変動比率［Variable Ratio］、固定間隔［Fixed Interval］、変動間隔［Variable Interval］の4つのスケジュールに分

けられます。

　固定比率スケジュールは、反応が一定回数あるごとに強化する一方、変動比率スケジュールは、反応回数の平均値は一定なものの、不規則に強化します。また、固定間隔スケジュールは、一定の時間が経過した後に強化する一方、変動間隔スケジュールは強化までの時間の平均は一定なものの、不規則に強化します。

　部分強化スケジュールは、連続強化スケジュールよりも消去抵抗が強く、強化子を取り除いた後でも行動が消去されにくいといわれています。これは、部分強化効果という現象です。さらに、部分強化スケジュールでも不規則な強化をした方が、固定で強化するよりも行動が維持されやすい傾向にあります。

[強化スケジュールの例]

・固定比率：スタンプカード（10個スタンプを集めたら、ドーナツが1個もらえる）

・変動比率：ガチャガチャ、スロットマシーン（何回かに1回当たりがある）

・固定間隔：固定給（月給）、月末ボーナスポイント（毎月1回お金やポイントがもらえる）

・変動間隔：魚釣り（何分か経てばアタリがある）

	反応回数	時間間隔
連続（固定）強化	**固定比率【FR】** 反応が一定回数ある度に強化	**固定間隔【FI】** 一定の時間が経過した後に強化
部分（変動）強化	**変動比率【VR】** 反応回数の平均値は 一定だがランダムに強化	**変動間隔【VI】** 強化までの時間平均は 一定だが、ランダムに強化

第2章 問題行動の機能を知る

　本章では行動、特に不適切な行動（以下、問題行動）の機能分析と対処方法について説明していきます。全ての行動には、必ずその行動の機能や目的があります。それゆえに、もし問題行動が生じた時は、適切な介入方法を探るために、その行動の前後の状況を客観的に記録し、行動がもつ機能について分析をする必要があります。第1章で述べたA-B-Cの三項随伴性の枠組みを用いて、どのような状況で問題行動が起こり、その結果、どのようなことが起きたのかを分析し、問題行動の機能や目的を把握することを、行動の機能分析と呼びます。

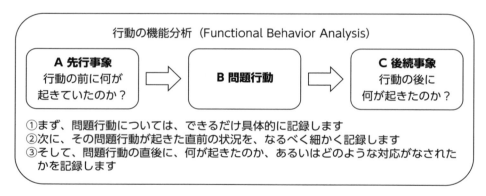

　一例ではありますが、行動の記録や分析には、図2-1のようなシートを用いるといいでしょう。もちろん、行動と行動の前後の事象が詳しく記されれば、どのようなものでも構いません。

第Ⅰ部　ABA療育の基礎理論

行動の機能分析シート					
名前：＿＿＿＿＿＿				記録する行動：癇癪／攻撃行動	
日時	記録者	行動の前に起こったこと （手がかりやきっかけ）		問題の行動	行動の後に起こったこと （対応や結果）
		いつ？ どこで？ 誰と？ 何をしていた？		泣く　　どれぐらいの長さ？ 泣き叫ぶ　　どれぐらいの長さ？ たたく／引っ掻く／噛む／その他（　　　）	
		いつ？ どこで？ 誰と？ 何をしていた？		泣く　　どれぐらいの長さ？ 泣き叫ぶ　　どれぐらいの長さ？ たたく／引っ掻く／噛む／その他（　　　）	
		いつ？ どこで？ 誰と？ 何をしていた？		泣く　　どれぐらいの長さ？ 泣き叫ぶ　　どれぐらいの長さ？ たたく／引っ掻く／噛む／その他（　　　）	
		いつ？ どこで？ 誰と？ 何をしていた？		泣く　　どれぐらいの長さ？ 泣き叫ぶ　　どれぐらいの長さ？ たたく／引っ掻く／噛む／その他（　　　）	

図 2-1　行動の機能分析シート

問題行動の機能分析

　通常、問題行動には4つの機能があるといわれています。4つのうちのいずれかの機能、あるいは複数の機能があることで行動が形成されたり維持されたりします。

1) 人の注意や反応を得るための行動
2) 欲しいものややりたいことを得るための行動
3) 嫌なことから逃避／回避するための行動
4) 感覚刺激を得るための行動

それでは、それぞれの機能について、例を挙げてみていきましょう。

1) 人の注意や反応を得るための行動（Attention）

　まず、周りの大人（親や先生）や友達など、他者の注意や反応を得ようとして起きる行動、いわゆる「注意（Attention）獲得の行動」の例をみてみましょう。

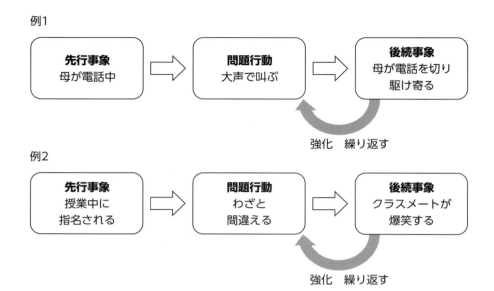

　まず1つ目の例ですが、お母さんが電話で誰かと話している時に、Aちゃんが構ってほしくて大声で叫ぶと、お母さんは慌てて電話を切って駆け寄りました。この経験から、Aちゃんはお母さんに構ってほしい時、大声で叫んで注目を得ようとします。お母さんの注目が強化子となって、大声で叫ぶという行動が強化されるのです。

　次の例では、授業中に指名された時に、Bちゃんがふざけてわざと間違えると、クラスメートが爆笑しました。皆にうけて嬉しいという経験が強化子になって、Bちゃんがふざけて間違える行動が繰り返されるようになります。

2）欲しいものややりたいことを得るための行動（Tangible）

　おもちゃやお菓子など特定のものが欲しかったり、好きなことを続けたかったりして起きる行動を、「事物（Tangible）獲得の行動」といいます。

例2：

```
先行事象          問題行動          後続事象
食事中      →    頭をたたいて  →   テレビがつく
テレビが消される    嫌がる
                    ↑_____|
                        強化 繰り返す
```

　初めの例では、スーパーのお菓子コーナーで、Cちゃんはお菓子が欲しくて癇癪を起こして大泣きしたら、お母さんがお菓子を買ってくれました。大泣きしたらお菓子が手に入ったという経験から、お菓子を買ってほしい時は、大泣きして手に入れることを学びます。また、食事中、テレビが消された時に、Dちゃんが自分の頭をたたいて嫌がると、お母さんは再びテレビをつけました。ここでも、頭をたたいたら、テレビを再び観ることができたという経験から、テレビが消されそうになると、Dちゃんは頭をたたくようになります。

3）嫌なことから逃避／嫌なことを回避するための行動（Escape/Avoidance）

　特定の人、場所、課題などを避けたり、逃れたりするために起きる行動を「逃避（Escape）行動」もしくは「回避（Avoidance）行動」といいます。

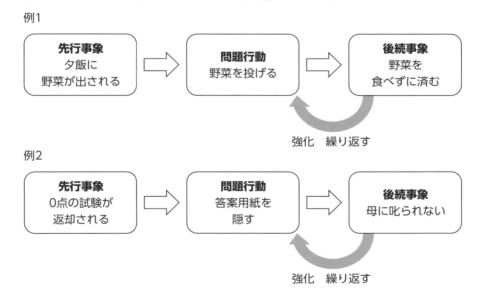

　1つ目の例では、夕飯に嫌いな野菜が出た時に、Eちゃんが野菜を投げたら、野菜を

食べなくて済みました。野菜を食べずにラッキーだったという経験から、野菜を見たら投げて食べるのを避けるという行動が繰り返されます。次の例では、0点のテストが返却された時、Fちゃんはテストを隠したら、お母さんに叱れずに済みました。叱られたくなければ、テストを隠せばよいと学びます。

4）感覚刺激を得るための行動（Automatic/Sensory）

　最後は、前述の3つが他者との関わりの中で機能しているのとは異なり、誰もいない、1人きりの環境でも起きる、「感覚刺激（Sensory）を求める行動」です。簡単にいえば、自分が気持ちいいから、落ち着くからなどの理由で強化されている行動です。

　例えば、指を噛む、歯ぎしりする、身体を揺らす、くるくる回るなどがありますが、さまざまな感覚的な刺激によって、自動的に強化されている（Automatic）行動であるため、他の機能の問題行動と比べて、減らしたりなくしたりするのが難しいことが少なくありません。

　また、もともとは感覚的な刺激を得る目的で始まった行動が、他の機能と結びついて、より複雑になることもあります。指を噛んだら、お母さんが心配して声をかけたことで、「指噛み」が感覚刺激と注目の2つを得るための行動になるというのがその例です。

 ## 問題行動の介入方法

　それでは、いろいろな機能から生じる問題行動を減らしたりなくしたりするには、どのようにしたらよいでしょうか。A-B-Cの三項随伴性の枠組みを使って、問題行動の前後の状況、問題行動の機能や目的を整理した後、次のステップで介入していきましょう。

問題の介入方法：ステップ1【先行事象の改善】
　まず1つ目の方法として、そもそも問題行動が起こりにくいように先行事象を整える

という方法があります。物理的に問題行動が起こるきっかけを作らないように工夫し、問題行動を未然に防ぐというアプローチです。

例えば、お菓子が買ってほしいと癇癪を起こすということが予測できるのであれば、始めからお菓子をあげておく、あえてお菓子のコーナーは通らない、あるいはそもそも一緒に買い物には出かけないなどの選択肢があります。嫌いな食べ物を投げてしまうというのであれば、嫌いな食べ物は出さないでおくということもできます。

また子どもが落ち着いて穏やかに過せるようにするために、できる限り環境的な工夫や配慮をすることは大切です。特に課題を行うような場面では、目や耳から入る刺激の量を抑えたり、手助けの方法や課題の量・難易度などに配慮したりすると、問題行動が生じにくくなります。事前にルールを確認したり、見通しをよくしたりすることも効果的です。

問題の介入方法：ステップ2【後続事象の改善】

事前に問題行動が起こりにくいように工夫したとしても、どうしても問題行動が起きてしまうということは少なくありません。その場合、その問題行動の機能や目的に合わせて、問題行動が強化されないように対応しなければなりません。例えば、注目してほしくて大声で叫ぶような場合は、その大声に反応せず、意図的に無視をする（注目をあたえない）、お片付けがするのが嫌で大声で叫ぶような場合は、淡々とお片付けを促す（お片付けを取り下げない）、というような対応が求められます。大声で叫ぶという問題行動に対して、声をかけたり叱ったりするなどの注目をあたえてしまったり、お片付けをやらずに済ませてしまったりと、誤って要求が通ることがないようにする必要があります。

ここで1つ注意すべきことは、問題行動により要求が通らないようにすること、すなわち問題行動の強化子を取り除く（消去する）ことで、一時的に問題行動が悪化することがあるということです。第1章でも解説しましたが、これは「消去バースト」と呼ばれるもので、今まで通っていた要求を何とかして通そうと、問題行動がエスカレートしてしまう現象です。例えば、単に大声で叫ぶだけでなく、物を投げたり、殴りかかったりするというように激しさが増すことがあります。このような消去バーストは、事前に

予測して乗り越える心構えが大切です。せっかく大声で叫ぶのを無視していても、殴りかかってきたために、要求を通してしまっては、その激しい問題行動を強化してしまうという最悪の結果になってしまいます。

問題の介入方法：ステップ3【代替となる行動や適切な行動の強化】

　強化子を取り除いて問題行動を消去すると同時に、問題行動に置き換わる行動や別の適切な行動を身につけさせる必要があります。まず問題行動と同じ機能をもち、周りにも受け入れられる代替行動を強化しながら、適切な行動も身につけなければなりません。例えば、注目してほしくて叫ぶ代わりに「先生」と呼ぶ、お片付けが嫌で叫ぶ代わりに「もうちょっと」と延長を求めるなど、要求を好ましい形で伝える練習をします。それに加え、1人でも課題に取り組める、言われた時に指示に従えるなどの適切な行動も練習していきます（図2-2）。代わりの行動や適切な行動を増やすことで、問題行動を起こす必要性がなくなるのです。

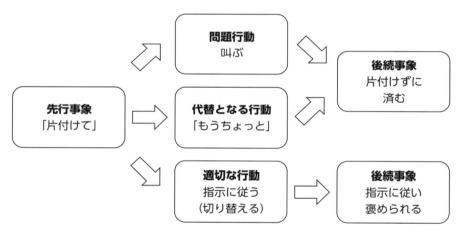

図 2-2　代替行動および適切行動の強化

問題の介入方法：【その他】

　問題行動への対応として、「叱ればいい」と考える人は少なくないかもしれません。場合によっては、何か罰をあたえて懲らしめるべきと考える人もいるでしょう。しかし、叱られたり脅されたりすることで、一時的に問題行動がなくなることはあっても、長期的な効果はなく、その場しのぎの方法に過ぎません。時として、問題行動がエスカレートする危険性さえあります。また大人が感情的に叱ったり脅したりする姿は、子どもにとって良い見本とはいえず、決して好ましい効果を生みません。

第Ⅰ部　ABA療育の基礎理論

ここに注目

❶ 「無視」が一番って本当?

　「ABAの療育で、困った行動に対しては無視するように言われた」というような話をよく耳にします。極端なケースでは、「ABAといえば無視が一番」というような誤解をしている人もいます。本章で解説したように、問題行動に対しては、その行動の機能を正しく理解し、それに合わせて介入しなければならず、さもなければその行動を減らすどころか悪化させてしまう可能性もあります。時として、機能がいくつもあるなど複雑な問題行動も存在しますが、そのような時は、どの機能を優先的に消去すべきか、慎重に検討しなければなりません。

❷ 「無視」とはいっても

　注目を求める問題行動に対しての「無視」ですが、子どもにずっとたたかれ続けながらも我慢して無視する、子どもの危ない行為に気づかず無視をし続けるなど、誤った無視をしてしまうことがあります。決して自分の痛みを我慢して無視しろと言っているのではなく、なるべくたたかれないように距離を取るなどの工夫をし、もし危険な行動が見られたら直視は避けてブロックし、安全性を保つようにしてください。また、しばらく無視をしていたものの、最終的に子どもが求めていた注目をあたえてしまっては台無しです。冷静にかつ根気強く取り組むことが大切です。

❸ 時にはスルー

　「問題行動は早くなくすべき」とあまりに一生懸命だと、自分や他者の介入方法を責めたり、結果に焦ったりして頭がいっぱいになり、空回りしてしまうことが少なくありません。時には「わかることが増えたら、そのうち困った行動も減るだろう」というぐらい、気長で楽観的な考え方も大切です。そもそも、その困った行動自体、現時点で本当に介入が必要な行動なのかどうかを考え直さなければならない時もあるのです。

第3章 ABA療育を始める準備

情報収集と発達評価

　ABA療育を始める前に、まず一番大切なことは適切な療育目標を決め、それに合わせた療育プログラムを選ぶことです。親として、あるいはセラピストとして、子どもにどのようなことができるようになってほしいとか、どのように成長してほしいとか、さまざまな"願い"や"期待"があることでしょう。しかし、その願いや期待を叶えるためには、現実的で達成可能な療育目標を設定する必要があります。子どもの発達の状態はどのようであるか、どのような課題が見られるかを的確に把握し、適切な療育の目標を決めるのです。そして、その目標につながる療育プログラムを選んでいきます。具体的には、**図3-1**の図の流れにそって、療育を始める準備をすることをお勧めします。

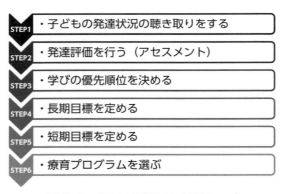

図3-1　ABA療育開始のステップ

　通常、第1のステップとして、子どもの発達について、保護者から細かい聴き取りを行います。身体・運動面、言語・コミュニケーション面、興味関心や社会性の面などについて、現在の状態だけでなく、現在にいたるまでどのような発達を遂げてきたかの情

報を集めるとよいでしょう。食事、睡眠、排泄などの基本的な生活習慣や、癇癪、他害、自傷などの問題行動についての情報も役に立ちます。さらに、聴き取りを行いながら、その傍らで、子どもがどのようにおもちゃで遊んでいるか、どのように大人に関心を示しているかなど、子どもの自然な姿を観察し、行動的な特徴を確認してください。

　子どもによっては、ABA療育を始める際に、発達外来などの医療機関で、すでに診断を受けていることもありますが、年齢が小さい、発達の特性がグレーゾーンにある、というような理由から診断にいたらないケースも少なくありません。ただ療育開始に必要なのは医療的な診断ではなく、目の前にいる子どもの発達的な課題をできるだけ早期に見極め、適切な介入へと導く専門的な判断といえるのではないでしょうか。

　聴き取りや行動観察の結果から療育の必要性がある場合、次のステップは、発達のチェックリストや発達検査を使い、子どもの発達の状態を客観的に評価することになります。保護者やその他の子どもと関わりの深い人、園・学校や療育機関の人などによるチェックリストや行動の記録を参考にするとともに、発達検査では直接的に子どものスキルの状態を調べ、その結果を数値化します。

　スキルの評価内容としては、呼びかけに応える、着席を維持するなど、椅子に座って療育に取り組むレディネスが整っているかどうかということから始まり、運動、認知、言語、社会性、身辺自立の領域におけるさまざまなスキルについて、生活年齢に合わせた課題を提示し、その結果を分析する形でアセスメントを進めていきます。

　あるスキルを獲得しているかどうかを正しく判断するためには、そのスキルが手助けやヒントがない状態でも見られるか、相手が誰であっても、どのような状況であっても、いつでも一貫して見られるかなどの確認をします。また可能であれば、療育や教育の現場で広く使われている田中ビネー知能検査、WISC™-V知能検査, 新版K式発達検査なども実施し、子どもの発達状態やスキルのレベルを同年齢の標準と比較することも有益です。

　ABA療育、特に英語圏における療育では、療育の目標を設定し、療育の効果を比較評価するために、「VB-MAPP」や「ABLLS-R®」（The Assessment of Basic Language and Learning Skills-Revised）といったアセスメントツールが一般的に使われています（WPS：Educational & Psychological Assessments for Clinicians & Educators ［https://www.wpspublish.com/］）。どのアセスメントツールを用いるにしても、療育開始前の子どもの発達の状態を正確に把握して目標を定め、また療育開始後は、療育の効果を客観的に測定し、療育の方向性を確認できるようにすることが大切です。

 療育の目標設定

　さまざまな角度から情報を集め、子どもの発達状態や課題を見極めた後、具体的な療育の目標を決めていきますが、その際、療育の目標は、子どもが生活していくうえで有意義であることが求められます。そのためには、次のような点を考慮するとよいでしょう。

・その目標は、子どもや子どもの家族の生活に役立ちそうですか
・その目標は、子どもの年齢や発達に適していますか
・その目標は、子どもがさまざまな環境で活用できそうですか
・その目標は、他の目標を達成するための土台になりそうですか
・その目標を達成するのに、事前に習得しておくべきスキルはありますか
・その目標を達成するのに、どれぐらい時間がかかりそうですか

　以上のことを踏まえて、どのスキルを先に練習したらよいか、優先順位を決めますが、時として、癇癪、自傷、他害、常同行動などの問題行動が頻繁に起こり、スキルの学習に好ましくない影響が生じている場合があります。通常、問題行動の軽減とスキルの学習は同時に進めていくことが可能ですが、問題行動については、以下のような点を分析し、即座に介入すべきと判断したら、問題行動を減らすことにつながるスキル学習を最優先し、まずは行動を整えることに焦点を置きます。

・その行動は、子どもや子どもの周りの人々にとってどれぐらい危険ですか
・その行動は、どれぐらいの頻度で起きていますか
・その行動は、どれぐらいの期間続いていますか

・その行動を改善するのに、どれぐらい時間がかかりそうですか（改善のしやすさ）
・その行動に今介入することのメリットは何ですか、デメリットは何ですか

　例えば、欲しいものがあると、母親をたたいたり、自分の手を噛んだりして伝えようとする子どもには、「ちょうだい」とサインして要求するコミュニケーションの方法を教えること、ずっと手をひらひらさせることに夢中な子どもには、ひらひらの代わりに、型はめやコイン入れなど手を使った遊びを教えることから始めてみてください。

　たった今、療育の目標設定について述べたところですが、本来、療育の目標には長期と短期の2種類があります。長期というと、3年ぐらい先を想像するかもしれませんが、子どもの年齢が小さい時は、大体1年から1年半後にイメージする姿を長期的な目標とし、その目標を達成するために、どのようなスモールステップで進んでいけばよいかを、短期的な目標に分けるとよいでしょう。

　例えば、言語の領域で、どのようなことができるようになってほしいかを考えるとします。もし「2～3語文を話す」ことを長期目標にするとしたら、その大きな目標のためには、どのようなことができていなければならないでしょうか。長期目標を目指して、スモールステップで、段階的に達成していく目標の一つひとつが短期目標になるのです。発声や発語は見られるのか、ことばの模倣はするのか、言語指示は理解しているのか、子どもの発達の状態によって、たくさんの短期目標が生まれることになります。

3　療育の目標とプログラム

　ここで、療育目標と療育プログラムについて、少し見ていきましょう。先ほどの「2～3語文を話す」という言語領域の長期目標ですが、その目標を達成するために、実際、どのような短期目標をどのような手順でクリアしていけばよいでしょうか。もちろん、子どもの現在の発達状態、学びの速度やパターン、興味や関心といった子ども自身の性質や能力だけでなく、療育の環境的な条件（療育の頻度や時間数を含む）を考慮すると、答えは何通りにもなりますが、ABA療育を進めていく上で、実際、どのプログラムを選ぶとよいかという観点から考えてみましょう。

仮にMちゃんの生活年齢を2歳9か月とし、現時点での言語発達の状態は、喃語は出ているものの有意味語は5、6語程度、呼びかけへの反応も薄く、何かが欲しい時は、親の手を引っ張ることが多い、家庭で「ご飯だよ」や「お散歩に行こう」などの指示は理解しているようだが、あまり人の話を聴いているように見えないという子どもを思い浮かべてください。

　発達検査では、発達の状態を細かく検査しましたが、特に、視線が合いにくい、名前を呼ばれてもほとんど見ない、30秒以上椅子に座った状態でいることが難しい、動作の模倣をしない、「ちょうだい」「バイバイ」などの指示に反応がない、目の前に出された欲しいものは無言で取ってしまう、というところが気になりました。

　恐らくMちゃんが「2～3語文を話す」ようになるには、たくさんの小さな目標を達成しなければならず、以下に挙げたようなスキルの習得が求められます。ただ、当然のことですが、同時に練習するスキルの数や開始の時期については、Mちゃんの発達の状態や学びの傾向を配慮し、慎重に決めていく必要があると思われます。

・一定の時間、椅子に座って課題に取り組む
・欲しいものがある時、サインやジェスチャーを使って要求する
・「もっと」「やって（手伝って）」を要求する
・「ちょうだい」と言うと持っているものを手渡す
・名前を呼ばれたら、視線を合わせる
・指示を聞き分ける
・動作の模倣をする
・口の動きの模倣をする
・音や単語の模倣をする
・身の回りのものや人の名称を理解して表出する
・色や形の名称を理解して表出する
・動作のことばを理解して表出する
・対のことばを理解して表出する
・自分の名前、年齢、好きなものなどについて答える

第Ⅰ部　ABA療育の基礎理論

　ABA療育、なかでもDTTによる療育では、スキルの学習は、より小さいターゲット行動にプログラム化され、一つひとつのターゲット行動は習得の基準に達するまで、繰り返し練習していくことになります。DTTの方法に関しては第4章、療育プログラムに関しては第Ⅱ部にまとめてありますが、プログラムの習得は、必ず施行ごとのデータを記録し、正反応率に基づいて決めています。また同時に進行するプログラムの数や進め方についても、データの動きを見ながら、注意深くモニターするようにします。

　当然データが順調に習得に向かっている場合は、そのまま続行を意味しますが、もしデータがなかなか伸びない、ともすれば下降気味にあるような場合は、その原因を探り、必要であれば、プログラム内のステップを追加したり、一時的に中断して他のプログラムを先に組み入れたりするなど、効率良く目標のスキルを習得することを目指します。

　ここでは、言語領域の例を使って、療育の長期および短期目標、それに対応する療育プログラムについて述べましたが、実際ABA療育を進めていく際は、認知、社会性、運動、身辺自立、それぞれの領域で目標を立て、総合的なプランを作成し、あらゆる方面から子どもの発達をバランスよく促すことが大切です。

4　療育の環境

　療育の目標を決めて、適切な療育プログラムを選んだら、いよいよ療育の始まりです。子どもが最善の環境で療育に集中できるように、静かで落ち着いた療育のエリアを整えて準備してください。多くの子どもにとって、椅子に座って療育を受けることは初めての経験でしょうから、まずは、嫌がらずに椅子に座り「お勉強する」という習慣を少しずつ身に付けることから始めます。

　療育のエリアは、個室でなくて構いませんが、できれば部屋の定位置に、子どもサイズで、かつ安定感のある机と椅子を置いてください。子どもの足はしっかり床につくようにするとよいでしょう。それから、その机と椅子は療育専用にして、その他の時は使わずに、「ここはお勉強するところ」と場所と行動が結びつくようにします。

35

子どもにとって、療育のエリアを魅力的にすることはよいのですが、注意散漫にならないように、過度に飾りつけたり小物を置いたりするのは控えましょう。机や椅子の向きや位置は、関係のないものが視野に入って気を散らすことがないようにするとともに、子どもがすぐに立ち歩くことができないように工夫してください。

　その他、注意したいのは、教材や強化子の準備と管理です。子どもの興味と集中を維持しながら、テンポよくプログラムを進めていくためには、教材と強化子はいつでも取り出しやすい状態で置かれていなければなりません。練習するプログラムが多くなると、当然、教材やデータシートの種類や数も増えます。それに加えて、おもちゃやお菓子など、いろいろな強化子を用意すると、どうしても子どもの周りがもので溢れ、ごちゃごちゃしてしまいがちです。プログラムをしている最中に、教材やデータシートを探していて子どもから目を離してしまったり、タイミングよく強化子が手渡せなかったりすることがないように、療育エリアは常に整理整頓された状態を保ちましょう。

第Ⅰ部　ABA療育の基礎理論

第4章 ディスクリート・トライアル・トレーニング
(DTT: Discrete Trial Training)

1 ディスクリート・トライアル・トレーニングとは

　1980年代に、カリフォルニア大学ロサンゼルス校のロヴァス博士は、自閉症児に対するABA早期集中療育の画期的な研究を発表しました。その研究で実践されたのが、ディスクリート・トライアル・トレーニング（DTT: Discrete Trial Training）という方法です。ディスクリートとは、バラバラに分けられた、個々の、不連続の、というような意味をもち、DTTは「不連続試行訓練」や「離散試行型指導法」などと呼ばれています。

　DTTでは、1つの課題をスモールステップに分けて、弁別刺激（Sd: Discriminative Stimulus）－反応（R: Response）－強化（Sr+: Reinforcing Stimulus）からなる試行（Trial）を、短い時間で複数回繰り返し練習します。通常、セラピストと子どもが1対1で、机上で行います。

　ABA療育では、DTTだけではなく、自然な環境で行うナチュラル・エンバイロメンタル・ティーチング（NET: Natural Environmental Teaching）というアプローチも、とても高い効果が報告されています。NETでは、机上で同じ課題を繰り返し行うという形ではなく、自然な遊びや活動の流れの中で、いろいろなスキルを身につけることを促します。機軸行動支援法（PRT: Pivotal Response Treatment）や要求言語・マンドトレーニングなどで知られているVB（Verbal Behavior）Approachは、自然な形で行うABA療育の代表的な方法でしょう。

　ABA療育において、DTTとNETのどちらが優れているとか、どちらが好ましいと

37

かが論じられることは少なくありません。しかし、A（先行刺激）-B（行動）-C（結果）の三項随伴性の枠組みで捉えるならば、2つのアプローチを完全に対立するものと考える必要はありません。DTTでは、子どもが課題に集中しやすいように療育の環境を設定し、課題以外の刺激をできる限り取り除きます。その中で、子どもが指示に正しく応えたら、セラピストは「○○できたね」などと褒めたり、子どもが喜びそうなご褒美をあたえたりして、正しい反応を強化します。

　一方、NETでは、子どもが興味をもちそうな玩具を配置した自然な遊びの場面を準備し、例えば、子どもが遊んでいる時に「くるま、ちょうだい」とリクエストしたら、セラピストは「はい、くるま、どうぞ」などと、車のおもちゃを手渡し、自然なやりとりを強化します。DTTとNETとでは環境や強化子の設定、ターゲットにする（重点的に学ぶ）スキルが違い、それぞれのアプローチが強みとしていることは異なります。しかし、A-B-Cの三項随伴性で考えれば、基本としている行動の原理は共通しています。

　この本では、DTTを正しく実践するために、その方法を細かく説明していきます。先ほども少し触れましたが、DTTでは子どもが課題に集中できるように、机上の構造化された環境を整えます。また、ターゲットとなる課題をプログラム化し、始まりから終わりまでシンプルな流れで繰り返し提示します。子どもにとって、自分が何をすればよいのかをわかりやすい形で提示するので、子どもが見通しを立てて、安心感やモチベーションを維持しやすいという利点があります。1つの課題指示から完了までにかかる時間は比較的短く、テンポ良く繰り返して何度も練習し、効率的に学習を進めることが可能です。

　そのようなDTTに対して、単純化した課題を机上や限られた療育の場面で学んでいるだけに過ぎず、スキルの般化や維持が難しいという批判がありますが、なるべく余分な刺激を取り除いた療育環境下で、基礎となるスキルを習得し、自然な場面でも徐々に使えるように練習を広げていくことは、特にまだスキルがあまり身についていない子どもには有効なアプローチと考えられます。もともと、発達に遅れや偏りがある子ども達は、自分の周りの環境や他者に注意を向けることが難しいところがあります。まずは、定められた環境の中で少しずつできることを増やし、習得したスキルをその他の環境でも活用できるように促していくことが望ましいのではないでしょうか。

DTTの進め方

それでは、実際にDTTはどのように進められていくのでしょうか。セッションでは、まず、セラピストが課題の指示（SD）を出し、必要であれば手助け・ヒント（プロンプト）を添えます。すると、その指示に対して、子どもが正しく応えます（正反応）。子どもの正反応をセラピストは強化（例：褒める、ご褒美など）します。最後に、子どもの反応を記録し、次のトライアルに向けて準備をします。

① SD（課題の指示）＋必要なプロンプト
② 子どもの正反応
③ 正反応の強化
④ トライアル間の小休止（データをつける）
⑤ 次のトライアルに向けての準備

この①〜⑤の一連の流れを1トライアルもしくは1試行と呼び、それをセッション中何度も繰り返して課題の練習をします（**図 4-1**）。

図 4-1　トライアルの流れ

それでは、トライアルの流れの一つひとつについて、さらに細かくみていきましょう。

① SD（Discriminative Stimulus）課題の指示を出す

SD（Discriminative Stimulus）、すなわち弁別刺激とは、その刺激がある時に特定の行動が強化されたり弱化されたりする刺激、いわば行動が起こるきっかけとなる外からの刺激をいいます。DTTでは、子どもの反応を引き出すために、セラピストが出す指示のことをSDと呼んでいます。色カードを机に数枚並べて、「赤　ちょうだい」と指示したり、「お名前は？」と尋ねたりするのがその例です。

SDは、子どもが聞き取りやすいように、適度な音量で、ゆっくりはっきりと、**一度だけ**言うようにしてください。またSDを出す時には、子どもの注目をしっかり引きつけることが大切です。SDとしてセラピストが出す指示は、できるだけシンプルなもの

に決め、基本的には、どのトライアルでも同じ言い方に統一します。子どもにとって聞き取りやすく、余計な情報が入らないようにするとともに、子どもがどのように反応したかをデータ化しやすくし、学習の進行状況を比較追跡できるようにするためです。

例えば、色カードを数枚見せて、「赤 どれ？」と聞かれた場合と、「赤い紙はどれか教えてくれる？」と聞かれた場合では、正答率が変わる可能性があります。指示を短くシンプルにすれば、子どもが余計なことに気を取られることなく、"赤"（目の前の色）＝「赤」！という正しい反応に結びつきやすくなるのです。

この色の課題のように、課題によっては、SD を教具や教材と一緒に出しますが、その際、正解となるカードをいつも同じ場所に置かないように工夫してください。例えば、赤、青、黄色の色カードを 3 枚並べて、「赤 ちょうだい」と赤を選ばせる課題では、赤の色カードをいつも真ん中に置くのではなく、右側や左側に置いても正解になるかどうかを確かめなければなりません。

また、子どもの反応次第で、時には、プロンプトという手助けやヒントのようなものを、SD とほぼ同時に、あるいはいくらか（1、2秒）遅らせて提示し、子どもが正しく反応できるように促します。プロンプトには、子どもの手を取って正解のカードに導いたり、正解のことばの語頭音を言ったりと、いろいろな方法がありますが、その種類や提示の仕方については第 3 節で詳しく説明します。

ここに注目

❶ SD は 1 度だけ

SD を出す時は、子どもが注目しているかを確かめて 1 度だけにしましょう。子どもが SD を聞いていたかわからなかったり、反応がなかったりすると、つい SD を繰り返してしまいがちですが、SD は 1 度だけにしてください。SD を繰り返した後に、ようやく子どもが正反応し、それを強化してしまうと、子どもが初めの SD には反応せず何度目かに反応するということを、誤って強化してしまうことになります。

40

第Ⅰ部　ABA療育の基礎理論

> ❷ ヒントに注意！
>
> 　無意識にヒントをあたえてしまわないようにしましょう。意図的に提示するプロンプトは正反応を導く適切な手立てですが、無意識に正解のヒントになるように教材を置いたり、ことばを強調したりすることがないように注意しましょう。セラピストが正解のカードをちらっと見ることも、子どもにとってはヒントになることがあります。

② 子どもが正反応する

　SDを提示した後、子どもはプロンプトがない状態（自力で）、もしくはプロンプトがある状態で正反応、正解に至ります。プロンプトは、できるだけ誤反応を起こさせずに、正反応に導くために使われますが、誤反応が起きた場合は、即座に子どもに正反応を教え、再度SDに戻ってやり直し、正反応が出るまで繰り返します。もし子どもの誤反応が続くようであれば、SDを出す時に子どもの注目が得られていない、プロンプトの種類やタイミングが良くないなどの可能性もあります。

③ 正反応を強化する

　子どもが正反応を出したら、その行動を強化するようにします。この強化は、「正の強化」であり、子どもにとって、その行動の後に良いこと、嬉しいことが起きたという経験にならなければなりません。強化子については、すでに第1章で述べましたが、ABA療育では、褒めことば（「○○できたね！」「かっこいい！」など）、好きな遊び（おもちゃ、手遊び、絵本など）がよく使われ、子どもによっては、お菓子やジュースなどの飲食物が強化子になることもあります。

　また『トークンエコノミーシステム』を活用して、例えば10個のトークンを集めたら「トーマスで遊ぶ」など、トークンと交換して強化子をあたえる（バックアップ強化子）方法もあります。バックアップ強化子の使用は、同じ強化子が使われ続けて飽きてしまったり、効果が弱まってしまったりすること（飽和）を防ぐのに役立ちます。

　子どもにとって、何が強化子であるかを見極めるのは、DTTを行う上でとても大切ですが、同時にとても難しいことです。子どもの興味や欲求は日によって異なり、セッ

41

ション中も次々に変わっていきます。また、子どもの中には、なかなか効果的な強化子が見つからないことも少なくありません。子どもが自分から手を伸ばす、表情が変わる、集中が高まるなど、些細な非言語的な反応にも注目し、子どもが何に興味がありそうか、常にアンテナを張っておくといいでしょう。

　強化子は何を使うかということだけでなく、どのようなタイミングで出すかということも重要です。強化のスケジュールには、大きく分けて連続強化（固定強化）と部分強化（変動強化）があること、部分強化の方が連続強化よりも行動が消去されにくいことなどを、第1章で述べましたが、療育の場面では、子どもが正しく反応した時、特に新しい課題や難しい課題ができた時などは、全ての正反応を即座に強化するのが効果的です。

ここに注目

　強化子について考える時に、特に強調したいのは、セラピストと子どもとの関係性です。セラピストは、自分自身が子どもにとって強化子になるような関係性を築いているかどうかということです。子どもが一緒にいたい、遊びたいと思えるような関係は療育の要となります。

　そのうえで、行動を強化する際の注意点をいくつか挙げます。

● **子どもを褒める時は、具体的に褒めるようにしましょう**

　確かに「がんばったね」「すごい！」も褒めことばですが、「上手に○○書いたね」「お片付けができてすごいね」というように、良い行動、褒めたい行動について、具体的に伝えるようにしてください。時には、なかなか「○○ができた」という結果にならず、褒め方に困ることもあるかもしれませんが、そのような場合は、結果ではなくプロセスに着目し、「よく考えていたね」「静かに座っていて偉い！」などと褒める工夫も大切です。

● **「適切な」正反応のみを強化するようにしましょう**

　課題には正解したものの、とても適切な状態とはいえないことがあるかもし

第 I 部　ABA療育の基礎理論

れません。例えば、名前を尋ねられて、名前は答えていたけれども、怒鳴り声で答えたり、ふざけて椅子から転がり落ちそうだったりというような時です。そのような時は、－（誤反応）と記録し、もう一度 SD からやり直し、すべてが整った状態で正反応が出せた時のみ強化するようにしてください。

● 強化子の選び方や使い方に注意しましょう

　強化子は、子どもにとって好きなもの、嬉しいことでなければ意味がありませんが、同じ強化子を使い続けたり、頻繁にあたえすぎたりすると、子どもが飽きたり興味をなくしたりすることがあります。強化子の効力が弱まらないように、使い方（アクセスできる時間や頻度など）は工夫するようにしましょう。例えば、お菓子やジュースなどの強化子は、お腹が満たされている状態ではあまり欲しい気持ちが起こらなかったり、お気に入りのはずのおもちゃも長い時間遊んでいるうちに魅力を失ったりすることがあるので、注意するようにしてください。

　またその逆に、子どもが強化子を手放せず、次の課題に移れなくなることもあります。強化子としてあたえられたおもちゃで遊び続けたくて、次の課題に切り替えられなくなるという状態です。強化子に、子どもの好きそうなものや興味がありそうなものを選ぶのは鉄則ですが、子どもが"好きすぎる"強化子の使用は、「手放してもまた○○すれば手に入れられる」という仕組みを理解するようになるまでは、控えた方がよい時もあります。

④ トライアル間の小休止・反応の結果を記録する

　課題の指示から、子どもの正反応、正反応の強化の後に、短いトライアル間の小休止があります。この数秒の小休止の間に、セラピストは子どもの反応を記録するようにします。記録の仕方については、第 4 節で詳しく説明します。

⑤ 次のトライアルに向けて準備する

　記録が終わったら、セラピストは次の SD を出すために、教具や教材を準備します。そして準備ができたら、次のトライアルの SD を出し、再び DTT のサイクルを繰り返

43

します。①から⑤の一連の流れは、スムーズにテンポ良く進めることが大切で、できるだけ途中で言い淀んだり、やり直したりしないようにしてください。

　以上トライアルの流れを説明しましたが、引き続きプロンプトについて詳しく説明しましょう。

プロンプトの種類と使い方

　プロンプトとは、子どもから正しい反応を引き出すための手がかりやヒントを意味し、さまざまな種類があります。DTTでは、子どもが新しいスキルを練習する時に、プロンプトを使って正反応にたどり着くように促します。プロンプトを使う目的は、子どもが間違えたり失敗したりすることを減らし、成功体験を積んで、自己達成感・自己効力感や学びへの意欲をもたせることにあります。

　発達心理学では、子どものやる気を引き起こす大きな要因は「自分は○○ができた・できる」という自己達成感や自己効力感であるといわれています。逆に、誤りや失敗を繰り返すと、「どうせ自分に○○はできない」という学習性無力感を引き起こす可能性が高くなります。「できた」という体験の繰り返しが、きっと次もできる、というように子どもの学習意欲を高めます。プロンプトを用いて、エラーレス（間違えや失敗のない）・ラーニングを促すことで、「できた」「うまくいった」という経験が増え、「もっとやりたい」という気持ちが育つのです。

　それでは、実際、エラーレス・ラーニングを行うために、どのようなプロンプトをどのように使ったらいいのでしょうか。大切なのは、子どもの状態にあった種類のプロンプトを選び、子どもの状態に合わせてプロンプトの度合いを調節していくということです。プロンプトの度合いが低すぎると、子どものエラーが増し、学習意欲を失わせることになり、逆にプロンプトの度合いが高すぎると、子どもがプロンプトに頼ったり自分でやる気をなくしたりしてしまう可能性があります。どのようなプロンプトで、子どもから正しい反応を引き出せるかを見極めるのは、DTTの鍵ともいえます。

次に、DTT でよく使うプロンプトの種類をまとめます。

●言語的プロンプト（Verbal Prompt）

　言語的プロンプトとはことばによって、正しい反応や正解のヒントを出す方法です。例えば、年齢を「何歳？」と尋ねて、すかさず「3 歳」と言語的プロンプトを添え、子どもに「3 歳」と模倣させるというようなやり方です。「3 歳」と全てプロンプトせず、「さん」「さ」と語頭音など、ことばの一部をプロンプトする方法もあります。

　また声掛けや指示などの言語的プロンプトで、望ましい行動を促すという方法もあります。お片付けをさせたい時に、「タイマーが鳴ったらどうするの？」というような声かけをするのはその一例です。

●身振りプロンプト（Gestural Prompt）

　身振りプロンプトとは、指さしやジェスチャーを使って正しい反応を導く方法です。

●モデリングプロンプト（Modeling Prompt）

　モデリングプロンプトとは、正しい反応をそのままやってみせる方法です。見本をみせて、子どもがそれを繰り返すのを促します。基本的には全部をやってみせます。

●身体的プロンプト（Physical Prompt）

　身体的プロンプトとは、子どもの体や手に触れて正反応に導く方法です。正しい動きを完了できるように、全過程でしっかり手を添えて手助けする場合（フル）と、部分的に肘や手首などに触れて手助けする場合（パーシャル）があります。具体的には、手をパチパチたたく動作模倣の課題で、子どもの手をしっかり持って手をたたかせる（フル）、あるいは肘などに触れて手をたたくように導く（パーシャル）方法をいいます。

●視覚的プロンプト（Visual Prompt）

　視覚的プロンプトとは、スケジュール、イラストで描いた手順、絵や写真、文字など、目で見てわかりやすくするプロンプトを指します。例えば、子どもに着替えの手順をイラストで提示することも、子どもが動物をいくつか挙げる課題で、数枚の動物の写真を見せることも視覚的プロンプトになります。

●位置プロンプト（Positional Prompt）

位置プロンプトとは、正反応となる教具や教材を、目立つように子どもの近くに置く方法です。例えば、スプーン、積み木、鉛筆を並べて、子どもにスプーンを選ばせる課題で、スプーンが目立つように子どもの近くに置くというプロンプトです。

プロンプトは、あくまで正反応を導くために補助的に使われるもので、最終的にはプロンプトがなくても、子どもが自力で正反応に達することを目指します。プロンプト有りから無しの方向に、徐々にプロンプトを減らしていくことをプロンプト・フェイディングといいます。

プロント・フェイディングの方法には、まず最小限 - 最大限プロンプティングといい、補助の度合いを、軽いプロンプトから重いプロンプトに移していくやり方があります。例えば、初めは言語的プロンプト、それから身振り、モデリングプロンプトに変え、それでも十分ではないと、身体的プロンプトを使うという流れです。この方法のメリットは、子どもにできるだけ自力でやる機会をあたえ、必要のない過度なプロンプトはしないということにあります。

その反対に、最大限 - 最小限プロンプティング、すなわち補助の度合いを、重いプロンプトから軽いプロンプトに移していくやり方です。最小限 - 最大限プロンプティングの逆で、まず手取り足取りの身体的なプロンプトを使い、次の段階として身振りやモデリングプロンプトで示し、最終的には言語的プロンプトで促します。この方法は、子どもがエラーを起こす可能性を抑え、即座に正反応に導くというメリットがあります。ただし、適切にプロンプトの度合いを減らしていかないと、プロンプトありきになり、プロンプト依存に陥りやすい点が要注意です。

プロンプトは子どもの反応によって、適切なプロントを選び、適切なタイミングで取り除いていくことが大切です。プロンプトを取り除いた後に、正反応が著しく減るなどの後退が見られた時は、プロンプトを元に戻したり、フェイド・アウトする速度を工夫したりする必要があります。

第Ⅰ部　ABA療育の基礎理論

ここに注目

　それでは、ここでどのプロンプトが使われているか、クイズに答えてみましょう。

① 動作模倣の課題
セラピスト：「こうして」と言いながら、両手を挙げる
　　　　　　　その直後に子どもの両手を取り、両手を挙げる動作を手助けする
子ども：（セラピストに手助けされて）両手を挙げる
セラピスト：「上手に手を挙げたね、万歳！」

② 形（表出）の課題
セラピスト：「三角」の形カードを見せて、「何の形？」と尋ね、その直後に
　　　　　　　「三角」と言う
子ども：「三角」と言う
セラピスト：「そうそう、三角だね」

③ 指示理解の課題
セラピスト：「バイバイして」と言い、その直後にバイバイして見せる
子ども：バイバイする
セラピスト：「バイバイできた、すごい！」

④ 色（理解）の課題
セラピスト：黄色、緑、赤の色カードを3枚並べて、「黄色 ちょうだい」と言う
　　　　　　　その直後に、黄色の色カードを指す
子ども：黄色の色カードをセラピストに渡す
セラピスト：「黄色だね。ありがとう」

⑤ 身の回りのもの（理解）の課題
セラピスト：スプーン、コップ、皿を並べて、「スプーン ちょうだい」と言う
　　　　　　　（子どもにとって一番スプーンが近くなるように並べておく）

47

子ども：スプーンをとってセラピストに渡す
　　　セラピスト：「これはスプーン。よくできた！」

　解答
　① 身体的プロンプト：すべて手助けしているため 【フル　フィジカルプロンプト（FP）】
　② 言語的プロンプト：正答を伝えているため 【フル　バーバルプロンプト（FV）】
　　　もし、「さん」と正答の一部を伝えていれば 【パーシャル　バーバルプロンプト（PV）】
　　　語頭音1音「さ」だけのプロンプトは 【スターター（St）】とも呼ぶ
　③ モデリングプロンプト：【モデリングプロンプト（Md）】
　④ 身振りプロンプト：この場合は指さし 【ポインティング（Pt）】
　⑤ 位置プロンプト：【ポジショナルプロンプト（Pos）】

 ## データの記録と分析

　ABA療育において、データの記録とその分析は、子どもの学習の進み具合を評価し、療育の方向性を決めるために欠かせない作業といえます。そのため、DTTでは、まず1トライアルが終わるたび、子どもの反応を一つひとつ記録に残し、その日のデータはグラフにまとめて分析するようにします。

　ABA療育では、子どもが習得すべきスキルを、誰もが客観的に見て測れる具体的な行動として定義し、その行動の変化を数値化して追いながら、療育を進めていきます。常に数的なデータを確認しながら、学びの傾向やより効率的な教え方を探るために、「いつの間にかできるようになっていた」ということはなく、データに基づいた科学的な分析のもと、一人ひとりの子どもに合わせて、療育の内容や方法の調整を行います。

　図4-2は、子どものトライアル記録の例です。

日付：＿＿＿＿　セラピスト：＿＿＿＿

SD：＿＿＿＿

ターゲット：＿＿＿＿

プロンプト：＿＿＿＿

B	1	2	3	4	5	6	7	8	9	10

正反応%＿＿＿＿%　申し送り：＿＿＿＿

図 4-2　DTT10 トライアル記録

記録用紙には、日付、セラピストの名前またはイニシャル、SD と課題（SD の設定状況の詳細）、使用したプロンプト、子どもの反応（＋か－）、正反応率、申し送りを記入します。

1）ベースライントライアル

東京 ABA ではまず、その日の DTT を始める前に、プロンプトなしで課題を提示し、子どもの反応を確認します（ベースライントライアル）。これは、プロンプトがない状態（IND）でできるかどうかを確認し、必要のないプロンプトを避けることを目的にしています。プロンプトなしでできれば、記録用紙の B（BL）の欄に（＋）と記入し、そのまま 1 回目のトライアルを開始します。できなければ、B の欄に（－）と記入し、前回使ったプロンプトで 1 回目のトライアルを開始します。なお、ベースライントライアルでは、できても（＋）できなくても（－）反応をしないようにしてください。また、その日のデータに、ベースライントライアルの結果は含めず、1 回目からのトライアルでの正反応率を算出してください（**図 4-3**）。

B	1	2	3	4	5	6	7	8	9	10
＋	＋	－	＋	＋	－	＋	＋	＋		

IND（プロンプトなし）
正反応率：6/8（75%）

B	1	2	3	4	5	6	7	8	9	10
－	＋	＋	－	＋	－	＋	＋	＋	－	＋

PV（前回使ったプロンプト）
正反応率：7/10（70%）

図 4-3　正反応率の出し方

2) トライアルの回数

　記録用紙にあるように、基本的には、セッション中、1プログラム（1SD）につき、10トライアルを繰り返します。もちろん、子どもの状態や課題の種類・内容により、柔軟に判断すべき場合がありますが、少なくとも5トライアルは行うことをお勧めします。また時には、10トライアル以上、20トライアルぐらいまでトライアルの数を増やすこともあります。トライアルデータは、その日のまとめとして、10トライアル中6トライアルで（＋）であれば、6/10（60％）の正反応率を算出して記入してください。

3) プログラムの組み合わせ

　セッション中、1プログラム（1SD）につき、10トライアルを繰り返すことを説明したばかりですが、10回続けて同じSDを繰り返すというわけではありません。当然のことですが、子どもが機械的に記憶して答えるだけになってしまったり、同じ課題の繰り返しで意欲をなくしてしまったりすることは避けなければなりません。そのため、いくつかのプログラムを組み合わせて、数種類のSDをランダムに出していきます。その日の終わりに、それぞれのプログラムで10トライアルが終了しているように計画しましょう。

　どのプログラムを組み合わせるか、どの順番で提示するかは自由ですが、例えば、「積み木模倣」のように準備に少し時間がかかる課題と、口頭指示だけですぐにSDが出せる課題を組み合わせたり、子どもが得意な課題と不得意な課題を交互に提示したりすると、テンポよく進めることができるでしょう。

4) グラフの記録

　プログラムごとに、その日の正反応率を算出し、それを折れ線グラフに記入します。**図4-4**のグラフにあるように、縦軸は正反応率、横軸は時間の推移を表しています。課題とプロンプトの種類を明確に記し、プロンプトが変わった時は点線で区切ります。グラフ化することで、学習の進み具合が一見してわかるようになり、プログラムの進め方を確認したり、調整したりするのに役立ちます。

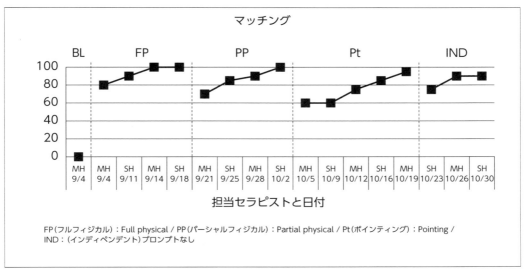

図 4-4　プログラムごとの正反応率

5)「習得」の基準

　通常、プロンプトなしの状態で、自力による (IND) の正反応率が 80% 以上、かつセッションを 2 回連続して得られた場合、その課題は「習得」したと見なしています。IND80% 以上の正反応率を出したセッションでは、次のセッションで「習得」となる可能性が高いので、記録用紙に ✓ M（チェックマスター）と申し送ります。本来は、2 名以上のセラピストで、正反応率 IND80% 以上に達することが望ましいので、可能であれば、同一のセラピストではなく、異なるセラピストで「習得」を確認するようにしてください。

　また、一度習得した課題は、忘れずに維持できるかを定期的にチェックする必要があります。復習として、まとめて提示することも、新しい課題と混ぜて提示することも可能です。その際、プローブデータシートを使ってメンテナンスの状態を確認するといいでしょう（付録 4　プローブデータシート参照）。

6) その他のデータ

　DTT のデータの他に、セッション中に起きた問題行動も記録に残すようにします。

例えば、セッション中に何回離席しようとしたか、何回大声を出したかなど、回数を記録する場合もあれば、ある一定の時間内に、指を舐める行為があったかどうか（行為の有無）を記録する場合もあります。このような行動の記録も、子どもの様子を把握するために大変役に立ちます。

ここに注目 ①

グラフを分析する際のポイントをいくつか挙げます。

● データが下降傾向にないかどうか

子どもの状態により、必ずしもデータが前回よりも良い結果になるとは限りませんが、下降傾向にある場合は、何らかの問題がある可能性があります。例えば、使っているプロンプトが適切でなかったり、強化子の効果が薄れていたりするという理由が考えられます。

● 同じ課題やプロンプトの状態を続けすぎていないか

子どもの学びのペースは、当然子どもによって異なり、一定ではありませんが、同じ課題を数週間にわたり続けていたり、プロンプトがなかなかフェイドできなかったりする時は、課題自体が適切かどうかを見直す必要があるかもしれません。場合によっては、その課題をさらに小さなステップに分けるか、一旦中止して他の課題を先に練習するなどの対応を検討しなければなりません。

● セラピスト間でデータが異なる原因は何か

複数のセラピストで進めていて、セラピスト間のデータが著しく異なるような場合は、課題の提示方法や教材や強化子の選択などについて、セラピスト同士で確認し合わなければなりません。時として、セッションの時間帯によって、子どもの正反応率が変わることもあり、データの違いに何が影響しているのかを見極める必要があります。

第Ⅰ部　ABA療育の基礎理論

ここに注目②

　その日のDTTを始める前に、プロンプトなしで課題を提示し、子どもの反応を確認するベースライントライアルについてはすでに説明しましたが、新しい課題を開始する前にも必ずベースラインのデータを取るようにします。もし80％以上の正反応率であれば、すでに習得していると見なし、その課題を始める必要はありません。

　また、ベースラインデータを集めている間、セラピストは子どもの反応に無反応（強化や直しを行わない）でいるため、子どもによっては不安や抵抗を感じることもあります。そのため、ベースラインデータはできるだけ少ない回数で終えることが理想的です。5回行うことが基本ですが、3回連続して（＋）あるいは（−）であった場合には、そこで中断して練習を開始してもよいでしょう（下記の「ベースラインデータ例」、参照）。なお、ベースラインを取ったその日のうちに練習に移れるようにするとよいですが、難しい時は、次のセッションですぐに練習を開始するようにしましょう。

[ベースラインデータの例]
・5回中4回正反応の場合：（＋）（−）（＋）（＋）（＋）でBL80％なので習得済み
・5回中3回正反応の場合：（＋）（−）（−）（＋）（＋）でBL60％なので練習開始
・5回中2回正反応の場合：（＋）（−）（＋）（−）（−）でBL40％なので練習開始
・3回連続して正反応の場合：（＋）（＋）（＋）でBL100％なので習得済み
・3回連続して誤反応の場合：（−）（−）（−）でBL0％なので練習開始

　ここまで、DTTの進め方を説明してきましたが、チャートにまとめてみましたので、ご参照ください（**図4-5**）。

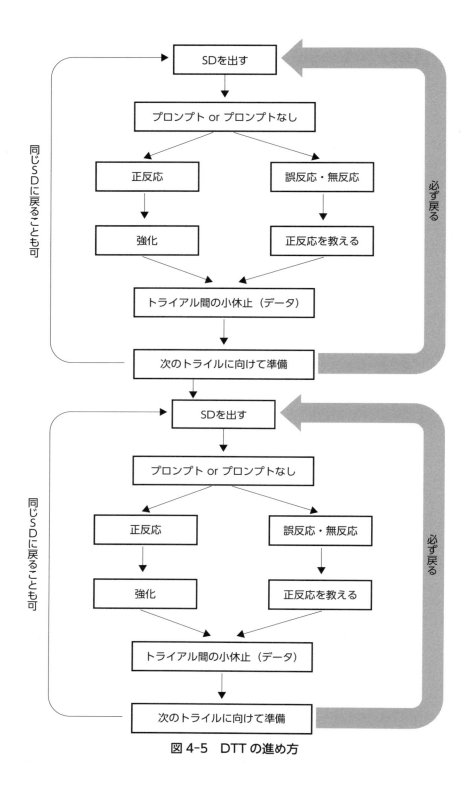

図 4-5　DTT の進め方

第 II 部

ABA 療育プログラム

呼びかけに応える

目標　① 他者からの呼びかけに反応する
　　　　② 自分の身の回りで起きている事象に注意を向ける

環境設定　子どもをセラピストの正面か横に置いた椅子に座らせる

指示（SD）とそれに対する正反応

SD1：「（子どもの名）」
　R1：呼ばれた方向に向いて視線を合わせる

SD2：「（子どもの名）」
　R2：呼ばれた方向に向いて「はい」と言う

SD3：「（子どもの名）」
　R3：呼ばれた方向に向いて「何？」と言う

※ SD2と3は、子どもの発語の状態に合わせて始める

習得の基準　異なるセラピストで、2セッション続けて80％以上達成したら習得とみなす

ターゲット		SD1		SD2		SD3	
		開始日	習得日	開始日	習得日	開始日	習得日
何もしていない状態	50 cm 程度の距離						
	1 m 程度の距離						
	2 m 程度の距離						
	部屋の端から						
	隣の部屋から						
何かしている状態	50 cm 程度の距離						
	1 m 程度の距離						
	2 m 程度の距離						
	部屋の端から						
	隣の部屋から						

プログラム 2　椅子に座る

目標　① 椅子に座る、座ったままの状態を保つ
　　　　② 他者から指示されたように行動する

環境設定　セラピストの正面に椅子を置く

指示（SD）とそれに対する正反応

SD1：「椅子に座って」「座って」
　R1：椅子に座る

SD2：「椅子に座って」「座って」
　R2：机の前に置いた椅子に座る（机の上に子どもの好きなものが置いてある状態）

SD3：「椅子に座って」「座って」
　R3：机の前に置いた椅子に座る（机の上に何も置いていない状態）

習得の基準　異なるセラピストで、2セッション続けて80％以上達成したら習得とみなす

ターゲット	SD1 開始日	SD1 習得日	SD2 開始日	SD2 習得日	SD3 開始日	SD3 習得日
子どもと椅子の距離 50 cm 程度						
子どもと椅子の距離 1 m 程度						
子どもと椅子の距離 3 m 程度						
子どもと椅子の距離 5 m 程度						

要求／マンド

目標 ① 自分で欲しいものを要求する
② 要求を伝えることを通して、人との関わりを楽しむ

環境設定 自然に欲しいものを要求できる環境を整える；子どもの好きなものを準備する

指示（SD）とそれに対する正反応

SD1：子どもに子どもが好きなものを見せる
　R1：サイン／マカトンで「ちょうだい」あるいは「ちょうだい」と言う

SD2：子どもに子どもが好きなものを見せる「○○（子どもの名）」
　R2：サイン／マカトンで「指さし＋ちょうだい」あるいは「○○ちょうだい」と言う

SD3：子どもに背を向けている状態で、子どもが好きなものを持っている
　R3：肩をたたき相手の注目をえてサイン／マカトンで「指さし＋ちょうだい」
　　あるいは「ねぇねぇ／（人の名称）、○○ちょうだい」と言う

習得の基準 異なるセラピストで、2セッション続けて80％以上達成したら習得とみなす。ただし、一定の期間データは取り続けることとする

	ターゲット	開始日	習得日
SD1	ちょうだい		
SD2	○○ちょうだい		
SD3	ねぇねぇ／（人の名称）、○○ちょうだい		

データシートは付録3：要求プログラム専用のものを使用

第Ⅱ部　ABA療育プログラム

 従順

目標　① 指示を理解する
　　　　② 指示を聞き分けて、その指示の通りに行動する

環境設定　子どもをセラピストの正面か横に置いた椅子に座らせる

指示（SD）とそれに対する正反応

SD1：「（指示）」（※言い方は子どもの言語理解の状態に合わせる）
R1：指示に従う

習得の基準　異なるセラピストで、2セッション続けて80％以上達成したら習得とみなす

ターゲット	開始日	習得日
ここに／こっちに来て［約1m離れたところに立たせた状態］		
ここに／こっちに来て［約2m離れたところに立たせた状態］		
ここに／こっちに来て［約3m離れたところに立たせた状態］		
ここに／こっちに来て［見えないところ・隣の部屋に立たせた状態］		
ここに／こっちに来て［約1m離れたところに座らせた状態］		
ここに／こっちに来て［約2m離れたところに座らせた状態］		
ここに／こっちに来て［約3m離れたところに座らせた状態］		
ここに／こっちに来て［見えないところ・隣の部屋に座らせた状態］		
待っていて（5秒）［目の前にすることがある状態］		
待っていて（10秒）［目の前にすることがある状態］		
待っていて（30秒）［目の前にすることがある状態］		
待っていて（60秒）［目の前にすることがある状態］		
待っていて（5秒）［目の前に何もない状態］		
待っていて（10秒）［目の前に何もない状態］		
待っていて（30秒）［目の前に何もない状態］		
待っていて（60秒）［目の前に何もない状態］		
手はお膝（に）		
気をつけ［立たせた状態］		
止まって［歩いたり、体を動かしたりするように指示した後］		

指示理解

目標　① 指示を理解する
　　　　② 指示を聞き分けて、その指示の通りに行動する

環境設定　子どもをセラピストの正面か横に置いた椅子に座らせる

指示（SD）とそれに対する正反応

SD1：「（指示）」（※言い方は子どもの言語理解の状態に合わせる）
R1：ターゲットの指示に従う

習得の基準　異なるセラピストで、2セッション続けて80％以上達成したら習得とみなす

ターゲット（順不同）	開始日	習得日
1ステップ：		
○○をちょうだい		
お手々・手をたたいて／パチパチして		
バイバイして		
お手々・手をあげて		
立って		
座って [立たせた状態から]		
○○と言って		
○○をとって		
○○をしまって（お片付けして）		
○○をXXXに置いて [場所はいろいろ変える]		
ゴミを捨ててきて		
○○を取ってきて		
2ステップ：（上記ターゲット2つ）		
例：お手々・手たたいて、バイバイして		
例：立って、お手々・手をあげて		
例：座って、お手々・手をたたいて、		
例：バイバイして、○○をちょうだい		
例：立って、○○と言って		

第Ⅱ部　ABA療育プログラム

動作模倣 ［物・道具あり］

目標　① 他者の動作に注目して模倣する
　　　　② ことばや遊びなど、いろいろなスキルの基盤を築く

環境設定　子どもをセラピストの正面か真横に置いた椅子に座らせる

指示（SD）とそれに対する正反応

SD1：動作を見せながら「こうして／こうやって」
　R1：見た動作を模倣する

習得の基準　異なるセラピストで、2セッション続いて80％以上達成したら習得とみなす

ターゲット（順不同）	開始日	習得日
1ステップ：		
ベルを鳴らす		
マラカスを振る		
太鼓をたたく		
積み木をバケツにいれる		
おもちゃの車を動かす		
髪の毛をブラシでとく		
コップから飲む		
スプーンでかき混ぜる		
タオルで口を拭く		
電話を耳にあてる		
帽子をかぶる		
本をめくる		
ぐるぐる○を描く		
人形にごはんをあげる		
2ステップ：（上記ターゲット2つ）		
例：ベルを鳴らして、車を動かす		
例：太鼓をたたいて、髪の毛をブラシでとく		
例：マラカスを振って、コップから飲む		
例：スプーンでかき混ぜて、帽子をかぶる		
例：電話を耳にあてて、本をめくる		

動作模倣 ［物・道具なし］

目標 ① 他者の動作に注目して模倣する
② ことばや遊びなど、いろいろなスキルの基盤を築く

環境設定 子どもをセラピストの正面か真横に置いた椅子に座らせる

指示（SD）とそれに対する正反応

SD1：動作を見せながら「こうして／こうやって」
R1：見た動作を模倣する

習得の基準 異なるセラピストで、2セッション続いて80％以上達成したら習得とみなす

ターゲット（順不同）	開始日	習得日
1ステップ：		
パチパチ／拍手する		
バイバイする		
両手を頭上にあげる		
両手でテーブルをたたく		
両手を横に広げる		
足をドンドン踏みならす		
うなずく		
首を左右に振る		
立ち上がる		
飛ぶ		
ぐるりと回る		
行進する		
蹴る		
2ステップ：（上記ターゲット2つ）		
例：パチパチして、両手をあげる		
例：バイバイしてうなずく		
例：両手でテーブルをたたいて、首を振る		
例：両手を広げて、立ち上がる		
例：蹴って、行進する		

マッチング

目標 ① 同じものと違うものを見分けて、同類のものを合わせる
② 細部に注目する観察力や集中力を養う

環境設定 子どもをセラピストの正面か横に置いた椅子に座らせる

指示（SD）とそれに対する正反応

SD1：3つ（枚）の物・カードを並べ物・カードを1個・枚渡して「一緒にして／同じのはどれ？」
R1：渡された物・カードと同じ物・カードを選んで合わせる

習得の基準 異なるセラピストで、2セッション続いて80％以上達成したら習得とみなす

ターゲット	開始日	習得日
全く同じ実物―実物		
全く同じカード―カード		
全く同じ実物―カード		
やや異なる実物―実物		
やや異なるカード―カード		
やや異なる実物―カード		
色		
形		
大きさ		

プログラム 9　積み木模倣

目標
① 形、位置、奥行きなどを認識し模倣する
② 指先の巧緻性を高める
③ 集中力やバランス感覚を伸ばす

環境設定　子どもをセラピストの正面か横に置いた椅子に座らせる

指示（SD）とそれに対する正反応

SD1：目の前で積み木を積み上げて「積み上げて」
 R1：積み木を積み上げる

SD2：目の前で積み木で形を作り／積み木のカードを見せて「これ／同じもの作って」
 R2：見本と同じ形を作る

習得の基準　異なるセラピストで、2セッション続いて80％以上達成したら習得とみなす

	ターゲット	開始日	習得日
SD1	3個 レゴ 積み上げ		
	5個 レゴ 積み上げ		
	3個 積み木 積み上げ		
	5個 積み木 積み上げ		
SD2	1個 上 [写真見本有り]		
	1個 上 [実物見本有り]		
	2個 上 [写真見本有り]		
	2個 上 [実物見本有り]		
	2個 横 [写真見本有り]		
	2個 横 [実物見本有り]		
	3個 [写真見本有り]		
	3個 [実物見本有り]		
	4個 [写真見本有り]		
	4個 [実物見本有り]		
	5個 [写真見本有り]		
	5個 [実物見本有り]		
	4個 木製キューブ [平面]		
	4個 木製キューブ [立体]		

使う個々の積み木の色や形、ランダムか固定かについては確認すること

身近なひと

目標　① 家族や親しい人の呼び名を知る
　　　　② 身の回りの世界に対する気づきや興味を高める

環境設定　子どもをセラピストの正面か横に置いた椅子に座らせる

指示（SD）とそれに対する正反応

【理解】SD1：ターゲットを含む3枚の人カードを並べてターゲットの人カードを1枚渡して「(呼び名) 一緒にして」
　　　　R1：ターゲットの人カードをマッチさせる

【理解】SD2：ターゲットを含む3枚の人カードを並べて「(呼び名) ちょうだい／どれ？」
　　　　R2：ターゲットの人カードを渡す

【表出】SD3：ターゲットの人カードを1枚見せて「これは誰？」
　　　　R3：ターゲットの人の呼び名を答える

習得の基準　異なるセラピストで、2セッション続いて80％以上達成したら習得とみなす

ターゲット (順不同)		SD1		SD2		SD3	
		開始日	習得日	開始日	習得日	開始日	習得日
自分	呼び名：						
母	呼び名：						
父	呼び名：						
きょうだい	呼び名：						
きょうだい	呼び名：						
祖母	呼び名：						
祖母	呼び名：						
祖父	呼び名：						
祖父	呼び名：						
おば	呼び名：						
おじ	呼び名：						
いとこ	呼び名：						
先生	呼び名：						
先生	呼び名：						
友達	呼び名：						
友達	呼び名：						

> **プログラム 11** **分類**

目標 ① 同じものと違うものを見分け、同類のものをまとめる
② 細部に注目する観察力や集中力を養う

環境設定 子どもをセラピストの正面か横に置いた椅子に座らせる

指示（SD）とそれに対する正反応

SD1：見かけ・形状が全く同じ物・カードを渡して「（○○で）分けて」
R1：渡された物・カードを分類する
ステップ①：2つの選択肢に2個・枚の物かカードを渡す
ステップ②：3つの選択肢に6個・枚の物かカードを渡す
ステップ③：5つの選択肢に10個・枚物の物かカードを渡す

SD2：見かけ・形状がやや異なる物・カードを渡して「（○○で）分けて」
R2：渡された物・カードを分類する
ステップ①：2つの選択肢に2個・枚の物かカードを渡す
ステップ②：3つの選択肢に6個・枚の物かカードを渡す
ステップ③：5つの選択肢に10個・枚の物かカードを渡す

習得の基準 異なるセラピストで、2セッション続いて80％以上達成したら習得とみなす

	ターゲット		開始日	習得日
SD1	全く同じ実物―実物	ステップ① 2対2		
		ステップ② 3対6		
		ステップ③ 5対10		
	全く同じカード―カード	ステップ① 2対2		
		ステップ② 3対6		
		ステップ③ 5対10		
	色	例：赤、青、黄色、緑…		
	形	例：○、△、□、☆…		
	大きさ	例：大・中・小		
SD2	やや異なる実物―実物	ステップ① 2対2		
		ステップ② 3対6		
		ステップ③ 5対10		
	やや異なるカード―カード	ステップ① 2対2		
		ステップ② 3対6		
		ステップ③ 5対10		
	色（形、大きさが異なる）	例：赤、青、黄色、緑…		
	形（色、大きさが異なる）	例：○、△、□、☆…		
	大きさ（色、形が異なる）	例：大・中・小		
	カテゴリー	例：動物、乗り物、食べ物		

第Ⅱ部　ABA療育プログラム

「見て」

目標　① 他者が指さしたものを見る
　　　　② 他者と同じものに注意や関心を向ける

環境設定　子どもをセラピストの正面か横に置いた椅子に座らせる

指示（SD）とそれに対する正反応

SD1：子どもの興味のあるものを手に持って指さして「見て」
　R1：指さされたものを見る

SD2：机の上に興味のあるものを1つ置いて指さして「見て」
　R2：指さされたものを見る

SD3：机の上に興味のあるものを含む3つのものを並べて1つを指さして「見て」
　R3：指さされたものを見る

SD4：興味のあるものを離れたところから指さして「見て」
　R4：指さされたものを見る

習得の基準　異なるセラピストで、2セッション続いて80％以上達成したら習得とみなす

	ターゲット	開始日	習得日
SD1	興味のあるものに指が触れている状態		
	興味のあるものを5cm程度離れて指さしている状態		
SD2	興味のあるものに指が触れている状態		
	興味のあるものを5cm程度離れて指さしている状態		
SD3	興味のあるものに指が触れている状態		
	興味のあるものを5cm程度離れて指さしている状態		
SD4	1m程度離れたところから指さしている状態		
	2m程度離れたところから指さしている状態		
	3m程度離れたところから指さしている状態		

口の動きの模倣

目標　① 他者の口の動きに注目して模倣する
　　　　② 口や舌の動きを滑らかにし、正しい発音の基礎を作る

環境設定　子どもをセラピストの正面か横に置いた椅子に座らせる

指示（SD）とそれに対する正反応

SD1：「○○やって」　口の動きをやって見せる
　R1：見た動きを模倣する

習得の基準　異なるセラピストで、2セッション続いて80％以上達成したら習得とみなす

ターゲット	開始日	習得日
口を大きく開ける（「あ」の口）		
口角を横に引く（「い」の口）		
口を尖らせる（「う」の口）		
唇をぎゅっと結ぶ		
舌をべーっと下に出す		
舌をまっすぐ前に出す		
舌で左右の口角に触れる		
舌で上唇に触れる		
舌を前歯につける		
唇を合わせて音をたてる		
頬を膨らませる		
歯をがちがちと合わせる		
吹く		

音・語の模倣

目標 ① 他者の発する音、語、句などを模倣する
② 発声発語を増やす

環境設定 子どもをセラピストの正面か横に置いた椅子に座らせる

指示（SD）とそれに対する正反応

SD1：「○○と言って」
R1：ターゲットの音、語を模倣する

習得の基準 異なるセラピストで、2セッション続いて80％以上達成したら習得とみなす

ターゲット	開始日	習得日
母音　/あ/		
母音　/え/		
母音　/い/		
母音　/お/		
母音　/う/		
子音　/m/		
子音　/p/		
子音　/b/		
子音　/t/		
子音　/d/		
子音　/k/		
子音　/g/		
子音　/n/		
子音　/h/		
子音　/s/		
子音　/z/		
子音　/r/		
2音の語		
3音の語		

手先の動きの模倣

目標 ① 他者の手先の動きに注目して模倣する
② 指先の巧緻性を高める

環境設定 子どもをセラピストの正面か真横に置いた椅子に座らせる

指示（SD）とそれに対する正反応

SD1：手先の動きを見せながら「こうして／こうやって」
R1：見た動きを模倣する

習得の基準 異なるセラピストで、2セッション続いて80％以上達成したら習得とみなす

ターゲット（順不同）	開始日	習得日
手を開いたり閉じたりする		
グーとグーを合わせる		
手のひらをこする		
手を組む		
人差し指と人差し指を合わせる		
ハンドサイン1		
ハンドサイン2		
ハンドサイン3		
ハンドサイン4		
ハンドサイン5		
ハンドサイン good		
ハンドサイン ok		
グー・チョキ・パー（続けて）		
人差し指でローションをぬる		
小さなスポンジをつまむ		
洗濯ばさみをつまむ		

ごっこ遊びⅠ

目標 ① 他者の動作を模倣したり、指示を聞き分けたりする
② 遊びを通して人との関わりを楽しむ

環境設定 子どもをセラピストの正面か横に置いた椅子に座らせる

指示（SD）とそれに対する正反応

SD1：音と動作を見せて「やって」（ものや道具を使ってもよい）
 R1：ターゲットの音と動作を模倣する

習得の基準 異なるセラピストで、2セッション続いて80％以上達成したら習得とみなす

ターゲット（順不同）	開始日	習得日
ごくごくと　コップから飲む		
あむあむと　食べる		
ペロペロと　アイスクリームをなめる		
ねんねーと　掌を合わせ片耳によせる		
こんこんと　机をノックする		
もしもしと　電話を耳にあてる		
えーんえーんと　泣く		
ブブブーと　車を運転する		
ワンワンと　イヌになる		
ニャーニャーと　ネコになる		
キッキーと　サルになる		
ぴょんぴょんと　ウサギになって跳ぶ		
ゲロゲロと　カエルになって跳ぶ		

プログラム 17　はい―いいえ ［要求］

目標　① 自分の要求や選択を、はい（うん）いいえ（ううん）で伝える
　　　　② 人とのやりとりの中で、自分の気持ちや考えを明らかにする

環境設定　子どもをセラピストの正面か横に置いた椅子に座らせる

指示（SD）とそれに対する正反応

SD1：欲しそうなものを見せながら「（欲しそうなものの名称）欲しい？」
　R1：「はい／うん」と言う／うなずく

SD2：欲しくなさそうなものを見せながら「（欲しくなさそうなものの名称）欲しい？」
　R2：「いいえ／ううん」と言う／首を振る

SD3：何も見せずに「（欲しそうなものの名称）欲しい？」
　R3：「はい／うん」と言う／うなずく

SD4：何も見せずに「（欲しくなさそうなものの名称）欲しい？」
　R4：「いいえ／ううん」と言う／首を振る

習得の基準　異なるセラピストで、2セッション続いて80％以上達成したら習得とみなす

	ターゲット	開始日	習得日
SD1	［見せながら］　はい		
SD2	［見せながら］　いいえ		
SD3	［見せずに］　はい		
SD4	［見せずに］　いいえ		

# 体

目標　① 体の部位の名称や役割を知る
　　　　② 身の回りの世界に対する気づきや興味を高める

環境設定　子どもをセラピストの正面か横に置いた椅子に座らせる

指示（SD）とそれに対する正反応

【理解】SD1：「（体の部位）触って／どこ？」
　　　　R1：ターゲットの体の部位を触る

【表出】SD2：体の部位を指さして「これは何？」
　　　　R2：ターゲットの体の部位を答える

【理解】SD3：「（体の中で）□□□する時に使うところ触って／どこ？」
　　　　R3：ターゲットの体の部位を触る

【表出】SD4：「（体の部位）は何をする時に使う？」
　　　　R4：ターゲットの体の部位の機能を答える

習得の基準　異なるセラピストで、2セッション続いて80％以上達成したら習得とみなす

ターゲット （順不同）	SD1		SD2	
	開始日	習得日	開始日	習得日
頭				
お腹				
目				
鼻				
口				
顎				
舌				
歯				
耳				
顔				
髪の毛				
眉毛				
睫毛				
手				
足				
指				
首				
肩				
胸				
腕				
肘				
背中				
お尻				
脚				
膝				
ターゲット （順不同）	SD3		SD4	
	開始日	習得日	開始日	習得日
目　ものを見る				
鼻　においを嗅ぐ				
口　食べる、話す				
耳　話を聴く				
手　バイバイする、絵を描く				
足　歩く、ボールを蹴る				

第Ⅱ部　ABA療育プログラム

生活道具

目標　① 生活でよく使うものの名称を知る
　　　　② 身の回りの世界に対する気づきや興味を高める

環境設定　子どもをセラピストの正面か横に置いた椅子に座らせる

指示（SD）とそれに対する正反応

【理解】SD1：ターゲットを含む3枚のものカードを並べて「（もの）ちょうだい／どれ？」
　　　　R1：ターゲットのもののカードを渡す

【表出】SD2：ターゲットのものカードを1枚見せて「これは何？」
　　　　R2：ターゲットのものの名称を答える

習得の基準　異なるセラピストで、2セッション続いて80％以上達成したら習得とみなす

ターゲット（順不同）	SD1 開始日	SD1 習得日	SD2 開始日	SD2 習得日
コップ				
皿				
スプーン				
フォーク				
ストロー				
冷蔵庫				
電子レンジ				
電話				
時計				
テレビ				
洗濯機				
掃除機				
椅子				
机				
ベッド				
布団				
ゴミ箱				
タオル				
ブラシ				
歯ブラシ				
爪切り				
鉛筆				
クレヨン				
はさみ				
水筒				
傘				
リュック				

プログラム 20　動物

目標　① 動物の名称、鳴き声や特徴を知る
　　　　② 身の回りの世界に対する気づきや興味を高める

環境設定　子どもをセラピストの正面か横に置いた椅子に座らせる

指示（SD）とそれに対する正反応

【理解】SD1：ターゲットを含む3枚の動物カードを並べて「（動物）ちょうだい / どれ？」
　　　　R1：ターゲットの動物のカードを渡す

【表出】SD2：ターゲットの動物カードを1枚見せて「これは何という動物？ / 何？」
　　　　R2：ターゲットの動物を答える

【理解】SD3：ターゲットを含む3枚の動物カードを並べて
　　　　　　　［例］「XX って鳴く動物はどれ？」（鳴き声）もしくは 「Y が長い動物はどれ？」（特徴）
　　　　R3：ターゲットの動物のカードを渡す

【表出】SD4：何も見せずに　［例］「XX って鳴く動物は何？」（鳴き声）「Y が長い動物は何？」（特徴）
　　　　R4：ターゲットの動物を答える

【表出】SD5：何も見せずに「（動物）はどんな動物？」
　　　　R5：ターゲットの動物について答える

習得の基準　異なるセラピストで、2セッション続いて80%以上達成したら習得とみなす

ターゲット（順不同）	SD1		SD2		SD3		SD4		SD5	
	開始日	習得日	開始日	習得日	開始日	習得日	開始日	習得日	開始日	習得日
犬										
猫										
牛										
馬										
羊										
豚										
鶏										
鳥										
ネズミ										
ウサギ										
象										
ライオン										
トラ										
キリン										
シマウマ										
サル										

プログラム21　色

目標　① 色の名称やその色のものを知る
　　　　② 身の回りの世界に対する気づきや興味を高める

環境設定　子どもをセラピストの正面か横に置いた椅子に座らせる

指示（SD）とそれに対する正反応

【理解】SD1：ターゲットを含む3枚の色カードを並べて「（色）ちょうだい／どれ？」
　　　　R1：ターゲットの色のカードを渡す

【表出】SD2：ターゲットの色カードを1枚見せて「これは何色？」
　　　　R2：ターゲットの色を答える

【理解】SD3：ターゲットを含む3枚のものカードを並べて「（色）のものちょうだい／どれ？」
　　　　R3：ターゲットの色のもののカードを渡す

【表出】SD4：ターゲットの色のものカードを1枚見せて「（もの）は何色？」
　　　　R4：（もの）の色を答える

【表出】SD5：何も見せずに「（もの）は何色？」
　　　　R5：（もの）の色を答える

【表出】SD6：何も見せずに「（色）のもの教えて」（1〜3つ）
　　　　R6：（色）のものを挙げる」（1〜3つ）

習得の基準　異なるセラピストで、2セッション続いて80％以上達成したら習得とみなす

ターゲット（順不同）	SD1 開始日	SD1 習得日	SD2 開始日	SD2 習得日	SD3 開始日	SD3 習得日	SD4 開始日	SD4 習得日	SD5 開始日	SD5 習得日	SD6 開始日	SD6 習得日
赤												
青												
黄色												
緑												
オレンジ												
紫												
茶色												
黒												
ピンク												
灰色												
白												
黄緑												
水色												

プログラム22 形

目標 ① 形の名称やその形のものを知る
② 身の回りの世界に対する気づきや興味を高める

環境設定 子どもをセラピストの正面か横に置いた椅子に座らせる

指示（SD）とそれに対する正反応

【理解】SD1：ターゲットを含む3枚の形カードを並べて「（形）ちょうだい／どれ？」
R1：ターゲットの形のカードを渡す

【表出】SD2：ターゲットの形カードを1枚見せて「これは何の形？」
R2：ターゲットの形を答える

【理解】SD3：ターゲットを含む3枚のものカードを並べて「（形）のものちょうだい／どれ？」
R3：ターゲットの形のもののカードを渡す

【表出】SD4：ターゲットの形のものカードを1枚見せて「（もの）は何の形？」
R4：（もの）の形を答える

【表出】SD5：何も見せずに「（もの）は何の形？」
R5：（もの）の形を答える

【表出】SD6：何も見せずに「（形）のもの教えて」（1〜3つ）
R6：（形）のものを挙げる（1〜3つ）

習得の基準 異なるセラピストで、2セッション続いて80％以上達成したら習得とみなす

ターゲット（順不同）	SD1 開始日	SD1 習得日	SD2 開始日	SD2 習得日	SD3 開始日	SD3 習得日	SD4 開始日	SD4 習得日	SD5 開始日	SD5 習得日	SD6 開始日	SD6 習得日
まる												
しかく												
さんかく												
ながしかく												
ハート												
ほし												
つき												
ひしがた												
やじるし												
楕円形												
十字												

第Ⅱ部　ABA療育プログラム

食べもの・飲みもの

目標　① 食べものと飲みものの名称を知る
　　　　② 身の回りの世界に対する気づきや興味を高める

環境設定　子どもをセラピストの正面か横に置いた椅子に座らせる

指示（SD）とそれに対する正反応

【理解】SD1：ターゲットを含む3枚の食べもの・飲みものカードを並べて
　　　　　　「（食べもの・飲みもの）ちょうだい／どれ？」

　　　　R1：ターゲットのもののカードを渡す

【表出】SD2：ターゲットの食べもの・飲みものカードを1枚見せて「これは何？」
　　　　R2：ターゲットのものの名称を答える

習得の基準　異なるセラピストで、2セッション続いて80％以上達成したら習得とみなす

ターゲット（順不同）	SD1 開始日	SD1 習得日	SD2 開始日	SD2 習得日
チョコレート				
飴				
グミ				
おせんべい				
ポテトチップス				
ドーナッツ				
ケーキ				
ごはん				
パン				
おにぎり				
お寿司				
ハンバーガー				
サンドイッチ				
カレーライス				
ラーメン				
うどん				
そば				
焼きそば				
餃子				
唐揚げ				
スープ				
サラダ				
水				
ジュース				
お茶				
牛乳				

くだもの・野菜

目標 ① くだものと野菜の名称を知る
② 身の回りの世界に対する気づきや興味を高める

環境設定 子どもをセラピストの正面か横に置いた椅子に座らせる

指示（SD）とそれに対する正反応

【理解】SD1：ターゲットを含む3枚のくだもの・野菜カードを並べて
「（くだもの・野菜）ちょうだい／どれ？」
R1：ターゲットのもののカードを渡す

【表出】SD2：ターゲットのくだもの・野菜カードを1枚見せて「これは何？」
R2：ターゲットのものの名称を答える

習得の基準 異なるセラピストで、2セッション続いて80％以上達成したら習得とみなす

ターゲット (順不同)	SD1 開始日	SD1 習得日	SD2 開始日	SD2 習得日
りんご				
バナナ				
いちご				
すいか				
パイナップル				
キウイ				
ぶどう				
みかん				
メロン				
もも				
トマト				
きゅうり				
レタス				
じゃがいも				
玉ねぎ				
にんじん				
なす				
ピーマン				
かぼちゃ				
ねぎ				
かぶ				
大根				
キャベツ				
ブロッコリー				

第Ⅱ部　ABA療育プログラム

乗りもの

目標　① 乗りものの名称を知る
　　　　② 身の回りの世界に対する気づきや興味を高める

環境設定　子どもをセラピストの正面か横に置いた椅子に座らせる

指示（SD）とそれに対する正反応

【理解】SD1：ターゲットを含む3枚の乗りものカードを並べて「(乗りもの) ちょうだい／どれ？」
　　　　R1：ターゲットのもののカードを渡す

【表出】SD2：ターゲットの乗りものカードを1枚見せて「これは何？」
　　　　R2：ターゲットのものの名称を答える

習得の基準　異なるセラピストで、2セッション続いて80％以上達成したら習得とみなす

ターゲット (順不同)	SD1		SD2	
	開始日	習得日	開始日	習得日
自動車				
バス				
電車				
タクシー				
自転車				
オートバイ				
飛行機				
ヘリコプター				
ふね				
パトカー				
救急車				
消防車				

身につけるもの

目標 ① 衣類など身につけるものの名称を知る
② 身の回りの世界に対する気づきや興味を高める

環境設定 子どもをセラピストの正面か横に置いた椅子に座らせる

指示（SD）とそれに対する正反応

【理解】SD1：ターゲットを含む3枚の身につけるものカードを並べて「(もの) ちょうだい／どれ？」
R1：ターゲットのもののカードを渡す

【表出】SD2：ターゲットの身につけるものカードを1枚見せて「これは何？」
R2：ターゲットのものの名称を答える

習得の基準 異なるセラピストで、2セッション続いて80％以上達成したら習得とみなす

ターゲット（順不同）	SD1 開始日	SD1 習得日	SD2 開始日	SD2 習得日
シャツ				
ズボン				
スカート				
ワンピース				
セーター				
パンツ				
コート				
ジャケット				
レインコート				
帽子				
靴下				
靴				
長靴				
手袋				

第Ⅱ部　ABA療育プログラム

動作Ⅰ

目標　① 動作のことばを知る
　　　　② 身の回りの世界に対する気づきや興味を高める

環境設定　子どもをセラピストの正面か横に置いた椅子に座らせる

指示（SD）とそれに対する正反応

【理解】SD1：ターゲットを含む3枚の動作カードを並べて「(動作) ちょうだい／どれ？」
　　　　R1：ターゲットの動作のカードを渡す

【表出】SD2：ターゲットの動作カードを1枚見せて「何をしているの？」
　　　　R2：ターゲットの動作を答える

習得の基準　異なるセラピストで、2セッション続いて80％以上達成したら習得とみなす

ターゲット （順不同）	SD1		SD2	
	開始日	習得日	開始日	習得日
食べている				
飲んでいる				
寝ている				
泣いている				
笑っている				
（手を）洗っている				
（手を）拭いている				
着替えている				
（歯を）磨いている				
（髪の毛を）とかしている				
お風呂に入っている				
（ゴミを）捨てている				
（本を）読んでいる				
（紙を）切っている				
描いている／お絵描きしている				
歌っている				
立っている				
歩いている				
泳いでいる				
買っている				
（ボールを）投げている				
（ボールを）蹴っている				
（バスに）乗っている				
（バスを）降りている				

プログラム
28 動作Ⅱ

目標　① 動作のことばを含む文を理解する
　　　② 身の回りの世界に対する気づきや興味を高める

環境設定　子どもをセラピストの正面か横に置いた椅子に座らせる

指示 (SD) とそれに対する正反応

【理解】SD1：ターゲットを含む3枚の動作カードを並べて「(動作文) ちょうだい／どれ？」
　　　　R1：ターゲットの動作のカードを渡す

【表出】SD2：ターゲットの動作カードを1枚見せて「誰が何をしているの？」
　　　　R2：誰が何をしているか文で答える

習得の基準　異なるセラピストで、2セッション続いて80％以上達成したら習得とみなす

ターゲット (順不同)	SD1		SD2	
	開始日	習得日	開始日	習得日
例：Aちゃんが　リンゴを食べている				
例：Aちゃんが　リンゴを持っている				
例：Aちゃんが　リンゴを切っている				
例：Aちゃんが　リンゴを捨てている				
例：Aちゃんが　リンゴ (の絵) を描いている				
例：Aちゃんが　ジュースを飲んでいる				
例：Aちゃんが　ジュースを入れている				
例：Aちゃんが　ジュースをこぼしている				
例：Aちゃんが　ジュースを買っている				
例：Aちゃんが　シャツを着ている				
例：Aちゃんが　シャツを脱いでいる				
例：Aちゃんが　シャツを洗っている				
例：Aちゃんが　髪をとかしている				
例：Aちゃんが　髪を乾かしている				
例：Aちゃんが　髪を結んでいる				

プログラム29 対のことば

目標 ① 対の概念について知り、対のことばを使って物事の描写をする
② 身の回りの世界に対する気づきや興味を高める

環境設定 子どもをセラピストの正面か横に置いた椅子に座らせる

指示（SD）とそれに対する正反応

【理解】
SD1-①：1組の対のものやカードを並べて「○○ちょうだい／どっち？」
　R1-①：○○のものやカードを渡す
SD1-②：異なる組の対のものやカードを並べて「□□ちょうだい／どっち？」
　R1-②：□□のものやカードを渡す

※ SD1-①と②を1セットで行う

【表出】
SD2-①：1組の対のものやカードを見せて「これはどんな（もの）？」
　R2-①：対のことばのうちの片方を答える
SD2-②：異なる組の対のものやカードを見せて「これはどんな（もの）？」
　R2-②：対のことばのうちのもう片方を答える

※ SD2-①と②を1セットで行う

習得の基準 異なるセラピストで、2セッション続いて80％以上達成したら習得とみなす

ターゲット （順不同）	SD1 開始日	SD1 習得日	SD2 開始日	SD2 習得日
大きい／小さい				
長い／短い				
重い／軽い				
きれい／汚い				
熱い／冷たい				
暑い／寒い				
硬い／柔らかい				
濡れている／乾いている				
明るい／暗い				
新しい／古い				
いっぱい／空っぽ				
開いている／閉まっている				
速い／遅い				
高い／低い				
甘い／辛い				
厚い／薄い				
近い／遠い				
広い／狭い				
細い／太い				

仲間のことば／カテゴリー

目標　① カテゴリーという概念を知る
　　　　② 身の回りの世界に対する気づきや興味を高める

指示（SD）とそれに対する正反応

【理解】SD1：ターゲットを含む3枚のものカードを並べターゲットのものカードを1枚渡して「（カテゴリー）の仲間、一緒にして」
　　　　R1：ターゲットのカテゴリーのカードをマッチさせる

【理解】SD2：ターゲットを含む3枚のものカードを並べて「（カテゴリー）の仲間ちょうだい」
　　　　R2：ターゲットのカテゴリーのカードを渡す

【表出】SD3：カードを2～3枚同時に見せて「（カード1）（カード2）（（カード3））は何の仲間？」
　　　　R3：（カード1）（カード2）（（カード3））のカテゴリーを答える

【表出】SD4：何も見せずに「（カード1）（カード2）（（カード3））は何の仲間？」
　　　　R4：（カード1）（カード2）（（カード3））のカテゴリーを答える

【表出】SD5：何も見せずに「（カテゴリー）の仲間教えて／何がある？」（1～3つ）
　　　　R5：（カテゴリー）のものを挙げる（1～3つ）

習得の基準　異なるセラピストで、2セッション続いて80％以上達成したら習得とみなす

ターゲット（順不同）	SD1 開始日	SD1 習得日	SD2 開始日	SD2 習得日	SD3 開始日	SD3 習得日	SD4 開始日	SD4 習得日	SD5 開始日	SD5 習得日
動物										
乗り物										
食べ物										
飲み物										
洋服										
色										
形										
数字										
文房具										
くだもの										
野菜										

プログラム 31　ものの機能

目標　① 身近なものの機能を知る
　　　　② 身の回りの世界に対する気づきや興味を高める

指示（SD）とそれに対する正反応

【理解】SD1：ターゲットを含む3枚のものカードを並べて「○○する時に使うものちょうだい／どれ？」
　　　　R1：ターゲットのもののカードを渡す

【表出】SD2：「○○する時に何を使う？」
　　　　R2：ターゲットのものを答える

【表出】SD3：「（ターゲットのもの）は、いつ／何をする時に使う？」
　　　　R3：ターゲットのものは、いつ／何をする時に使うかを答える

習得の基準　異なるセラピストで、2セッション続いて80％以上達成したら習得とみなす

ターゲット（順不同）		SD1 開始日	SD1 習得日	SD2 開始日	SD2 習得日	SD3 開始日	SD3 習得日
コップ	例：（お水を）飲む						
皿	例：（おかずを）のせる						
スプーン	例：（カレーを）食べる						
フォーク	例：（スパゲッティを）食べる						
ストロー	例：（ジュースを）飲む						
冷蔵庫	例：食べ物や飲み物を冷やす						
電子レンジ	例：食べ物や飲み物を温める						
電話	例：離れている人と話す						
時計	例：時間を見る						
洗濯機	例：服を洗う						
掃除機	例：部屋をきれいにする						
椅子	例：座る						
ゴミ箱	例：ゴミを捨てる						
タオル	例：手をふく						
ブラシ	例：髪をとかす						
歯ブラシ	例：歯を磨く						
鉛筆	例：字を書く						
はさみ	例：紙を切る						

会話 ［質問に答える］

目標　① 相手の質問を理解し、適切な答えを返す
　　　　② 人とのことばのやりとりを楽しむ

環境設定　子どもをセラピストの正面か横に置いた椅子に座らせる

指示（SD）とそれに対する正反応

SD1：「（質問）」
　R1：質問に答える

習得の基準　異なるセラピストで、2セッション続いて80％以上達成したら習得とみなす

ターゲット	開始日	習得日
名前		
年齢		
園／学校の名前		
先生の名前		
生まれ月　誕生日		
両親の名前		
きょうだいの有無		
きょうだいの名前		
住んでいるところ		
電話番号		
好きな食べ物		
好きな飲み物		
好きなテレビ番組		
好きなおもちゃ		
〇〇と××のどちらが好き		
（――の時に）食べたもの		
（――の時に）行ったところ		
（――の時に）したこと		

はい―いいえ ［正否］

目標　① はい（うん）いいえ（ううん）で質問に答える
　　　　② 人とのやりとりの中で、自分の気持ちや考えを明らかにする

環境設定　子どもをセラピストの正面か横に置いた椅子に座らせる

指示（SD）とそれに対する正反応

SD1：ものやカードを見せて「これは〇？」［例］リンゴを見せてこれはりんご？
　R1：「はい／うん」と言う／うなずく

SD2：ものやカードを見せて「これは〇？」［例］バナナを見せてこれはりんご？
　R2：「いいえ／ううん」と言う／首を振る

SD3：何も見せずに「〇はX？」［例］リンゴはくだもの？
　R3：「はい／うん」と言う／うなずく

SD4：何も見せずに「〇はX？」［例］リンゴはお菓子？
　R4：「いいえ／ううん」と言う／首を振る

習得の基準　異なるセラピストで、2セッション続いて80％以上達成したら習得とみなす

	ターゲット	開始日	習得日
SD1	［見せて］　はい		
SD2	［見せて］　いいえ		
SD3	［見せずに］　はい		
SD4	［見せずに］　いいえ		

位置・場所

目標 ① 位置や場所を表すことばを知る
② 身の回りの世界に対する気づきや興味を高める

環境設定 子どもをセラピストの正面か横に置いた椅子に座らせる

指示（SD）とそれに対する正反応

【理解】SD1：軸とする〈もの〉を置き（もの）を渡して
「これ／（もの）を〈もの〉の（位置）に置いて」
R1：（もの）を正しい場所に置く

【表出】SD2：「（もの）はどこにあるの？」
R2：ものが置いてある場所を答える

【理解】SD3：「〈もの〉の（位置）に立って／座って」
R3：正しい場所に立つ／座る

【表出】SD4：「どこに立っているの？／座っているの？」
R4：自分のいる場所を答える

習得の基準 異なるセラピストで、2セッション続いて80％以上達成したら習得とみなす

ターゲット（順不同）	SD1		SD2		SD3		SD4	
	開始日	習得日	開始日	習得日	開始日	習得日	開始日	習得日
中								
外								
上								
下								
前								
後ろ								
横								
間								
右								
左								

プログラム35 数字

目標
① 1〜10の数字を知る
② 数や量の概念を理解する
③ 身の回りの世界に対する気づきや興味を高める

環境設定 子どもをセラピストの正面か横に置いた椅子に座らせる

指示（SD）とそれに対する正反応

【理解】SD1：ターゲットを含む3枚の数字カードを並べターゲットの数字カードを1枚渡して「一緒にして／同じ数字はどれ？」
　　　　R1：ターゲットの数字のカードをマッチさせる

【理解】SD2：ターゲットを含む3枚の数字カードを並べて「（数字）ちょうだい／どれ？」
　　　　R2：ターゲットの数字のカードを渡す

【表出】SD3：ターゲットの数字カードを1枚見せて「これは何という数字？」
　　　　R3：ターゲットの数字を答える

習得の基準 異なるセラピストで、2セッション続いて80％以上達成したら習得とみなす

ターゲット	SD1		SD2		SD3	
	開始日	習得日	開始日	習得日	開始日	習得日
1						
2						
3						
4						
5						
6						
7						
8						
9						
10						

プログラム 36 数量 I

目標　① 1 ～ 10 の数と量の概念を理解する
　　　　② 身の回りの世界に対する気づきや興味を高める

環境設定　子どもをセラピストの正面か横に置いた椅子に座らせる

指示（SD）とそれに対する正反応

SD1：「1 から 10 まで数えて」
　R1：1 から 10 まで数唱する

SD2：ものを並べて「数えて」
　R2：ものやカードの数を数える

SD3：ものを並べて「（数）個ちょうだい」
　R3：ターゲットの数のものを渡す

SD4：異なる数のものを 2 セット並べて「どっちが多い？／少ない？」
　R4：多い方または少ない方を答える

習得の基準　異なるセラピストで、2 セッション続いて 80％以上達成したら習得とみなす

ターゲット	SD1			
	開始日	習得日		
1 ～ 10				
ターゲット	SD2		SD3	
	開始日	習得日	開始日	習得日
1				
2				
3				
4				
5				
6				
7				
8				
9				
10				
ターゲット	SD4			
	開始日	習得日		
多い				
少ない				

プログラム 37　数量 II

目標　① 1〜10の数と量の概念を理解する
　　　　② 身の回りの世界に対する気づきや興味を高める

環境設定　子どもをセラピストの正面か横に置いた椅子に座らせる

指示（SD）とそれに対する正反応

SD1：数字とその数分の●が描かれた1枚のカードを置いて「数の分おいて」とコインを渡す
R1：カードの●に合わせてコインを置く（マッチさせる）

SD2：異なる数の●カード3枚を並べて「同じ数はどれ？／一緒にして」と数字カードを渡す
R2：数字カードと同じ数の●カードを合わせる（マッチさせる）

SD3：数字のみのカードを置いて「数の分おいて」とコインを渡す
R3：数字カードの数分●を置く

SD4：数字カードを2枚並べて「どっちが大きい数？／小さい数？」
R4：大きい方または小さい方を答える

習得の基準　異なるセラピストで、2セッション続いて80％以上達成したら習得とみなす

ターゲット	SD1		SD2		SD3	
	開始日	習得日	開始日	習得日	開始日	習得日
1						
2						
3						
4						
5						
6						
7						
8						
9						
10						

ターゲット	SD4	
	開始日	習得日
大きい		
小さい		

◯ プログラム 38　パターン

目標　① 色、形、文字などの並びのパターンを認識したり、予想したりする
　　　　② 細部に注目する観察力や集中力を養う
　　　　③ 身の回りの世界に対する気づきや興味を高める

指示（SD）とそれに対する正反応

SD1：パターンを見せて「同じの／同じパターンを作って」（余りなし）
　R1：見本と同じパターンを作る

SD2：パターンを見せて「同じの／同じパターンを作って」（余りあり）
　R2：見本と同じパターンを作る

SD3：パターンを見せて「次にくるのはなに？」（選択肢あり）
　R3：選択肢から正しいものを選んで置く

SD4：パターンを見せて「次にくるのはなに？」（選択肢なし）
　R4：正しい答えを言う／書く

習得の基準　異なるセラピストで、2セッション続いて80％以上達成したら習得とみなす

ターゲット（順不同）		SD1		SD2		SD3		SD4	
		開始日	習得日	開始日	習得日	開始日	習得日	開始日	習得日
2種類	ABAB（4）								
	ABABAB（6）								
	AABAAB（6）								
	ABBABB（6）								
	ABABABAB（8）								
	AABBAABB（8）								
3種類	ABCABC（6）								
	ABBCABBC（8）								
	AABCAABC（8）								
	ABCCABCC（8）								

94

第Ⅱ部　ABA療育プログラム

プログラム
39 感情

目標　① 感情のことばを知る
　　　② 自分自身や他者の気持ちについて理解を深める

指示（SD）とそれに対する正反応

【理解】SD1：ターゲットを含む3枚の感情カードを並べ感情カードを1枚渡して
　　　　　　　「（感情）一緒にして」
　　　　R1：ターゲットの感情カードをマッチさせる

【理解】SD2：ターゲットを含む3枚の感情カードを並べて「（感情）ちょうだい／どれ？」
　　　　R2：ターゲットの人カードを渡す

【表出】SD3：ターゲットの感情カードを1枚見せて「これはどんな気持ち？」
　　　　R3：ターゲットの感情を答える

【表出】SD4：実演を見せて「どんな気持ち？」
　　　　R4：ターゲットの感情を答える

【表出】SD5：「（感情）やってみて」
　　　　R5：ターゲットの感情を実演する

【表出】SD6：感情＋状況カードを1枚見せて「（状況の描写をしてから）この人はどんな気
　　　　　　　持ち？」
　　　　R6：ターゲットの感情を答える

【表出】SD7：感情＋状況カードを1枚見せて「この人はどんな気持ち？」「どうして？」
　　　　R7：ターゲットの感情とその理由の両方を答える

習得の基準　異なるセラピストで、2セッション続いて80％以上達成したら習得とみなす

95

ターゲット (順不同)	SD1		SD2		SD3		SD4	
	開始日	習得日	開始日	習得日	開始日	習得日	開始日	習得日
嬉しい								
悲しい								
嫌悪／いや								
怒っている								
こわい								
驚いている								
疲れている								
恥ずかしい								
心配								
うらやましい								
誇らしい								

ターゲット (順不同)	SD5		SD6		SD7			
	開始日	習得日	開始日	習得日	開始日	習得日		
嬉しい								
悲しい								
嫌悪／いや								
怒っている								
こわい								
驚いている								
疲れている								
恥ずかしい								
心配								
うらやましい								
誇らしい								

ごっこ遊びⅡ

目標　① 他者の動作を模倣したり、指示を聞き分けたりする
　　　　② 遊びを通して、人との関わりを楽しむ

指示（SD）とそれに対する正反応

SD1：おもちゃを使って動作を見せながら「＿＿＿して」
　R1：示された動作を模倣する

SD2：おもちゃを渡して「＿＿＿して」
　R2：指示された動作を行う

SD3：おもちゃを渡して「（おもちゃ）で遊ぼう」
　R3：渡されたおもちゃで2操作以上の動作を行う

習得の基準　異なるセラピストで、2セッション続いて80％以上達成したら習得とみなす

ターゲット	SD1 開始日	SD1 習得日	SD2 開始日	SD2 習得日	SD3 開始日	SD3 習得日
〈おままごと1〉						
食べ物をお皿にのせる						
「いただきます」						
スプーンで食べる						
「ごちそうさまでした」						
〈おままごと2〉						
野菜を切る						
鍋に入れてかき混ぜる						
器にいれる						
「召し上がれ」						
〈人形〉						
抱っこする						
頭をなでる						
ご飯を食べさせる						
ベッドに寝かせる						
〈車〉						
道路をつなげ店やスタンドを置く						
車を走らせて「ブーン」						
ガソリンを入れる						
再び車を走らせて「ブーン」						
〈電車〉						
線路をつなげ踏切や駅を置く						
電車を走らせ「ガタンゴトン」						
駅で乗客を乗せる・おろす						
「出発」と再び電車を走らせる						

| プログラム 41 | 共同注意 |

目標
① 他者が指さすものや方向を見たり、他者の注目を得たりする
② 他者がしていることに気づき、関心や興味をもつ

環境設定
子どもをセラピストの正面か横に置いた椅子に座らせる

指示（SD）とそれに対する正反応

SD1：「〇〇はどこ？」
　R1：〇〇がある方向を指さしながら「あそこ／あっち」と答える

SD2：「（人）はどこを／何を指さしているの？」
　R2：（人）が指さしている方向やものを答える

SD3：「（人）はどこを／何を見ているの？」
　R3：（人）が見ている方向やものを答える

SD4：子どもに物を渡して「（人の呼称）にこれを／（物）をあげてきて」
　R4：「（呼称）」と注意を引いてから「はい・どうぞ」と物を渡す

SD5：子どもに「（人の呼称）に（物）をもらってきて」
　R5：「（呼称）」と注意を引いてから「（物）ちょうだい／ください」と（物）をもらい
　　　Tに「はい」と渡す

SD6：「（人の呼称）に（伝言内容）と言ってきて」
　R6：「（呼称）」と注意を引いてから「（伝言内容）」と伝える

習得の基準
異なるセラピストで、2セッション続いて80％以上達成したら習得とみなす

	ターゲット	開始日	習得日
SD1	どこ？		
SD2	（指さし）どこ？		
SD3	（視線）どこ？		
SD4	物を渡す		
SD5	物をもらう		
SD6	伝言する		

第Ⅱ部　ABA療育プログラム

工作

目標　① 貼る、ちぎる、折る、ぬる、切ることを学ぶ
　　　　② 指先の巧緻性を高める
　　　　③ ものを作って表現することへの興味を深める

環境設定　子どもをセラピストの正面か横に置いた椅子に座らせる

指示（SD）とそれに対する正反応

SD1：見本を見せながら「○○して」
　R1：見本を模倣する

SD2：見本は見せずに「○○して」
　R2：指示に従う

習得の基準　異なるセラピストで、2セッション続いて80％以上達成したら習得とみなす

ターゲット（順不同）	SD1 開始日	SD1 習得日	SD2 開始日	SD2 習得日
シールを貼る				
紙をちぎる				
のりをつけて貼る				
折り紙を半分に折る				
折り紙を2回半分に折る				
折り紙で犬を折る				
○△□の形をぬる				
ぬり絵シートをぬる	/	/	/	/
ハサミをチョキチョキ動かす				
ハサミで紙の端をチョキンと切る				
ハサミで直線を切る				
ハサミでギザギザ線を切る				
ハサミで波線を切る				
ハサミで□を切る	/	/	/	/
ハサミで△を切る	/	/	/	/
ハサミで○を切る	/	/	/	/

プログラム 43　お絵描き

目標　① 鉛筆やクレヨンを正しく持ち、線や形を描く
　　　　② 指先の巧緻性を高める
　　　　③ 描いて表現することへの興味を深める

環境設定　子どもをセラピストの正面か横に置いた椅子に座らせる

指示（SD）とそれに対する正反応

SD1：点々、ぐるぐる、または線（雨）を描きながら「こうして」
　R1：点々、ぐるぐる、または線（雨）を描く

SD2：線や形を描きながら「○○／これ描いて」（始点から終点で止める）
　R2：線や形を描く

SD3：線や形をなぞりながら「○○／これなぞって」（始点から終点で止める）
　R3：線や形をなぞる

SD4：「○○描いて」
　R4：指示された線や形を描く

習得の基準　異なるセラピストで、2セッション続いて80％以上達成したら習得とみなす

ターゲット（順不同）	SD1		SD2		SD3		SD4	
	開始日	習得日	開始日	習得日	開始日	習得日	開始日	習得日
点々								
グルグル								
線（雨）								
縦線　｜								
横線　—								
斜め線　／								
十字　＋								
丸　○								
三角　△								
四角　□								
ニコニコ　☺								
家　⌂								
車　🚗								
人　⚲								

同じ—違う

目標
① 同じ、違うという概念を知る
② 細部に注目する観察力や集中力を養う
③ 身の回りの世界に対する気づきや興味を高める

環境設定 子どもをセラピストの正面か横に置いた椅子に座らせる

指示（SD）とそれに対する正反応

SD1：机上に2つのものを置き別にものを1つ手に持って見せながら
「これと同じものちょうだい」「これと違うものちょうだい」（セットで行う）
R1：同じもの違うものをそれぞれ渡す
同［例①］明らかに違うもの：りんごとバナナ
同［例②］特徴が1つ違うもの：赤いりんごと青いりんご（色のみ）

SD2：2種類のもの／カードを手に持って見せながら「これとこれは同じ？ 違う？」
（セットで行う）
R2：同じか違うかを答える

SD3：2種類のもの／カードを見せて「これとこれは同じ？違う？」「どうして？」
R3：同じか違うかと理由の両方を答える

SD4：2種類のもの／カードを見せて「これとこれは何が同じで何が違う」
［例］りんごと消防車
R4：同じ（共通）点と違う（相違）点の両方を答える

習得の基準 異なるセラピストで、2セッション続いて80％以上達成したら習得とみなす

	ターゲット	開始日	習得日
SD1	同じ違う①		
	同じ違う②		
SD2	同じ違う		
SD3	同じ違う＋説明		
SD4	共通点相違点＋説明		

順序

目標
① 物事に順序があることを理解する
② 物事を順序立てて説明する
③ 身の回りの世界に対する気づきや興味を高める

指示（SD）とそれに対する正反応

【理解】SD1：連続絵のカードを渡して「順番に並べて」
　　　　R1：カードを順番に並べる

【表出】SD2：連続絵のカードを渡して「順番に並べて何をしているか教えて」
　　　　R2：カードを順番に並べて、順番に描写する

習得の基準　異なるセラピストで、2セッション続いて80％以上達成したら習得とみなす

ターゲット（順不同）	SD1 開始日	SD1 習得日	SD2 開始日	SD2 習得日
3〜4枚の連続絵				
例：バナナの皮むき				
例：誕生日ケーキのろうそく				
例：ジュースの量				
例：積み木の塔				
例：砂のお城				
5〜8枚の連続絵				
例：線路つなぎ				
例：種まき				
例：お出かけの準備				
例：クッキング				
例：子猫救助				
昔話・おとぎ話				
あ・い・う・え・お				
1・2・3・4・5				
1・2・3・4・5・6・7・8・9・10				
昨日・今日・明日				
月・火・水・木・金・土・日				
1・2・3・4・5・6・7・8・9・10・11・12月				

ものの特徴

目標
① 身近なものや生き物の特徴を知る
② 身の回りの世界に対する気づきや興味を高める

指示（SD）とそれに対する正反応

【理解】SD1：ターゲットを含む3枚のカードを並べて「（特徴）があるのはどれ？」
　　　　　［例］「しっぽがあるのはどれ？」犬、バナナ、フォークより選択
　　　R1：ターゲットのカードを渡す［例］犬のカードを渡す

【表出】SD2：共通の特徴のある2～3枚のカードを同時に枚見せて
　　　　　「（カード1）（カード2）（（カード3））には何がある？／ついている？」
　　　R2：共通の特徴を答える

【表出】SD3：「（特徴）があるもの／ついているもの教えて」（1～3つ）
　　　R3：（特徴）があるものを挙げる（1～3つ）

習得の基準　異なるセラピストで、2セッション続いて80％以上達成したら習得とみなす

ターゲット（順不同）	SD1 開始日	SD1 習得日	SD2 開始日	SD2 習得日	SD3 開始日	SD3 習得日
尻尾						
羽根						
足・脚						
タイヤ						
取っ手・ハンドル						
数字						
ポケット						

プログラム 47　働く人

目標　① 職業の名称や役割を知る
　　　　② 身の回りの世界に対する気づきや興味を高める

環境設定　子どもをセラピストの正面か横に置いた椅子に座らせる

指示（SD）とそれに対する正反応

【理解】SD1：ターゲットを含む3枚の職業カードを並べて「（職業）ちょうだい／どれ？」
　　　　R1：ターゲットの職業のカードを渡す

【表出】SD2：ターゲットの職業カードを1枚見せて「これは誰？」
　　　　R2：ターゲットの職業を答える

【理解】SD3：ターゲットを含む3枚の職業カードを並べて「□□する人ちょうだい／どれ？」
　　　　R3：ターゲットの職業のカードを渡す

【表出】SD4：ターゲットの職業カードを1枚見せて「これは誰？」「何をする人？」
　　　　R4：ターゲットの職業の名称と役割の両方を答える

習得の基準　異なるセラピストで、2セッション続いて80％以上達成したら習得とみなす

ターゲット（順不同）	SD1		SD2		SD3		SD4	
	開始日	習得日	開始日	習得日	開始日	習得日	開始日	習得日
園・学校の先生								
お医者さん								
看護師さん								
お巡りさん								
消防士さん								
歯医者さん								
バスの運転手さん								
駅員さん								
コックさん								
美容師さん								
郵便屋さん								
パイロット								

公共の場所

目標 ① 公共の場所の名称や役割を知る
② 身の回りの世界に対する気づきや興味を高める

環境設定 子どもをセラピストの正面か横に置いた椅子に座らせる

指示（SD）とそれに対する正反応

【理解】SD1：ターゲットを含む3枚の場所カードを並べて「（場所）ちょうだい／どれ？」
R1：ターゲットの場所のカードを渡す

【表出】SD2：ターゲットの場所カードを1枚見せて「これは何というところ？」
R2：ターゲットの場所を答える

【理解】SD3：ターゲットを含む3枚の場所カードを並べて「□□するところちょうだい／どれ？」
R3：ターゲットの場所のカードを渡す

【表出】SD4：ターゲットの場所カードを1枚見せて「これは何というところ？」「何をするところ？」
R4：ターゲットの場所の名称と役割の両方を答える

習得の基準 異なるセラピストで、2セッション続いて80％以上達成したら習得とみなす

ターゲット（順不同）	SD1 開始日	SD1 習得日	SD2 開始日	SD2 習得日	SD3 開始日	SD3 習得日	SD4 開始日	SD4 習得日
幼稚園・保育園								
学校								
病院								
交番								
消防署								
駅								
郵便局								
銀行								
コンビニエンスストア								
スーパーマーケット								
公園								
動物園								
遊園地								
水族館								
図書館								
デパート								
レストラン								

プログラム 49 部屋

目標　① 部屋の名称や役割を知る
　　　　② 身の回りの世界に対する気づきや興味を高める

環境設定　子どもをセラピストの正面か横に置いた椅子に座らせる

指示（SD）とそれに対する正反応

【理解】SD1：ターゲットを含む3枚の部屋カードを並べて「（部屋）ちょうだい／どれ？」
　　　　R1：ターゲットの部屋のカードを渡す

【表出】SD2：ターゲットの部屋カードを1枚見せて「これは何という部屋？」
　　　　R2：ターゲットの部屋を答える

【理解】SD3：ターゲットを含む3枚の部屋カードを並べて「□□するところちょうだい／
　　　　　　　どれ？」
　　　　R3：ターゲットの部屋のカードを渡す

【表出】SD4：ターゲットの部屋カードを1枚見せて「これは何という部屋？」「何をすると
　　　　　　　ころ？」
　　　　R4：ターゲットの部屋の名称と役割の両方を答える

習得の基準　異なるセラピストで、2セッション続いて80％以上達成したら習得とみなす

ターゲット (順不同)	SD1		SD2		SD3		SD4	
	開始日	習得日	開始日	習得日	開始日	習得日	開始日	習得日
玄関								
台所／キッチン								
風呂場								
洗面室								
トイレ								
寝室								
居間／リビング								
ダイニング								
子ども部屋								

天気

目標
① 天気の名称を知る
② 身の回りの世界に対する気づきや興味を高める

指示（SD）とそれに対する正反応

【理解】SD1：ターゲットを含む3枚の天気カードを並べて「（天気）ちょうだい／どれ？」
　　　　R1：ターゲットの天気のカードを渡す

【表出】SD2：ターゲットの天気カードを1枚見せて「どんな天気？」
　　　　R2：ターゲットの天気を答える

【表出】SD3：「今日の天気は？」
　　　　R3：その日の天気を答える

習得の基準　異なるセラピストで、2セッション続いて80％以上達成したら習得とみなす

ターゲット （順不同）	SD1		SD2		SD3	
	開始日	習得日	開始日	習得日	開始日	習得日
晴れ						
曇り						
雨						
雪						
雷						

プログラム 51 季節

目標　① 季節と季節に関係するものを知る
　　　　② 身の回りの世界に対する気づきや興味を高める

環境設定　子どもをセラピストの正面か横に置いた椅子に座らせる

指示（SD）とそれに対する正反応

【理解】 SD1：4枚の<u>もの</u>カードを並べて「（季節）のものちょうだい」
　　　　　R1：季節のもののカードを渡す

【表出】 SD2：<u>もの</u>カードを1枚見せて「季節は何？」
　　　　　R2：ものの季節を答える

【理解】 SD3：4枚の<u>もの</u>カードを渡して「季節で分けて」
　　　　　R3：カードを春夏秋冬に分ける

【表出】 SD4：何も見せずに「（季節）の行事／花／くだもの／野菜教えて」（1〜3つ）
　　　　　R4：季節のものを挙げる（1〜3つ）

ターゲット (順不同)		SD1		SD2		SD3		SD4	
		開始日	習得日	開始日	習得日	開始日	習得日	開始日	習得日
木の葉	春								
	夏								
	秋								
	冬								
山	春								
	夏								
	秋								
	冬								
行事	春								
	夏								
	秋								
	冬								
花	春								
	夏								
	秋								
	冬								
くだもの 野菜	春								
	夏								
	秋								
	冬								

※春夏秋冬セットで行う

何がなくなった？

目標　① 見たものを記憶する
　　　　② なくなったり、消えたりしたものに気づいて指摘する
　　　　③ 身の回りの世界に対する気づきや興味を高める

環境設定　子どもをセラピストの正面か横に置いた椅子に座らせる

指示（SD）とそれに対する正反応

SD1：目の前に3つのものを置き一緒に置いてあるものを確認してから
　　　子どもが見ている前でものを1つ取り除き「何がない？／なくなった？」

R1：なくなったものを答える

SD2：目の前に3枚のカードを置き一緒に置いてあるカードを確認してから
　　　子どもが見ている前でカードを1枚取り除き「何がない？／なくなった？」

R2：なくなったカードを答える

SD3：目の前に3枚のものを置き一緒に置いてあるものを確認してから
　　　子どもに見えないようにものを1つ取り除き「何がない？／なくなった？」

R3：なくなったものを答える

SD4：目の前に3枚のカードを置き一緒に置いてあるカードを確認してから
　　　子どもに見えないようにカードを1枚取り除き「何がない？／なくなった？」

R4：なくなったカードを答える

習得の基準　異なるセラピストで、2セッション続いて80％以上達成したら習得とみなす

	ターゲット	開始日	習得日
SD1	もの　　見ている状態		
SD2	カード　見ている状態		
SD3	もの　　見ていない状態		
SD4	カード　見ていない状態		

何がおかしい？

目標 ① 欠けているところや奇妙なところに気づいて指摘する
② 身の回りの世界に対する気づきや興味を高める

環境設定 子どもをセラピストの正面か横に置いた椅子に座らせる

指示（SD）とそれに対する正反応

SD1：何かが欠けている絵カードを見せて「何がない？」
　R1：欠けている箇所を答える

SD2：何かが奇妙な絵カードを見せて「何が変？」
　R2：奇妙な箇所を答える

SD3：何かが奇妙な絵カードを見せて「何が変？」「どうして？」
　R3：奇妙な箇所と理由の両方を答える

習得の基準 異なるセラピストで、2セッション続いて80％以上達成したら習得とみなす

	ターゲット	開始日	習得日
SD1	欠けているところ		
SD2	奇妙なところ		
SD3	奇妙なところ＋説明		

第Ⅱ部　ABA療育プログラム

会話 [続けるⅠ]

目標　① 相手のことばをつないで、続きを完成させる
　　　　② 人とのことばのやりとりを楽しむ

指示（SD）とそれに対する正反応

SD1：「（文などの始めもしくは一部分）」
　R1：続きを完成させる

習得の基準　異なるセラピストで、2セッション続いて80％以上達成したら習得とみなす

ターゲット（順不同）	開始日	習得日
1、2の［3］		
よ〜い［どん］		
（歌詞）げんこつ山の［たぬきさん］続く……		
（歌詞）あたま・かた・ひざ［ポン］続く……		
（色）イチゴは赤い、バナナは？		
（色）消防車は白い、救急車は？		
（対）ボールは丸い、テレビは？		
（対）食パンは四角い、おにぎりは？		
（対）象は大きい、ねずみは？		
（対）うさぎは早い、亀は？		
（対）夏は暑い、冬は？		
（対）砂糖は甘い、塩は？		
（対）飴は甘い、薬は？		
（鳴き声）犬はワンワン、猫は？		
（鳴き声）サルはウッキキ、ゴリラは？		
（カテゴリー）ハンバーグは食べ物、ジュースは？		
（カテゴリー）象は動物、飛行機は？		
（仮定）お腹が空いたら？		
（仮定）雨が降ったら？		
（仮定）風邪を引いたら？		
（仮定）虫歯になったら？		

会話 [続けるⅡ]

目標 ① 相手の質問に答えて、同じ質問を返す
② 人とのことばのやりとりを楽しむ

SD1:「(質問)」
R1:質問に答えてから、相手に同じ質問をし、相手の答えに対して「そうなんだ／同じだね」など

習得の基準 異なるセラピストで、2セッション続いて80％以上達成したら習得とみなす

ターゲット（順不同）	開始日	習得日
生まれ月　誕生日		
住んでいるところ		
きょうだいの有無		
きょうだいの名前		
好きな食べ物		
好きな飲み物		
好きなテレビ番組		
○○と××のどちらが好き		
(――の時に) 食べたもの		
(――の時に) 行ったところ		
(――の時に) したこと		

112

プログラム56 会話［質問をする］

目標　① 相手に質問をする
　　　　② 人とのことばのやりとりを楽しむ

環境設定　子どもをセラピストの正面か横に置いた椅子に座らせる

指示（SD）とそれに対する正反応

何
SD1：「何」を尋ねる質問を促す状況を作る
 R1：「何」を尋ねる質問をする

どこ？
SD2：「どこ」を尋ねる質問を促す状況を作る
 R2：「どこ」を尋ねる質問をする

誰？
SD3：「誰」を尋ねる質問を促す状況を作る
 R3：「誰」を尋ねる質問をする

※状況設定はその都度変える

習得の基準　異なるセラピストで、2セッション続いて80％以上達成したら習得とみなす

	ターゲット	開始日	習得日
SD1	何？		
SD2	どこ？		
SD3	誰？		

何の例：

箱の中をのぞきながら「あ！すごい」などと驚いてみせる（「何が入っているの？」）

子どもから背を向け、何かをしている素振りをする（「何をしているの？」）

「昨日、いい物をもらったの」と楽しそうに言う（「何をもらったの？」）

「お昼ご飯、美味しかったな」と大げさに言う「（何を食べたの？）」

どこの例：

水筒が入ってないリュックを渡して「水筒を出して」と言う（「水筒はどこ？」）

靴を隠した後に「靴を履いて」と言う（「靴はどこ？」）

お絵描きをしている時に空のクレヨン箱を渡す（「クレヨンはどこ？」）

「日曜日にお出かけするの」と楽しそうに言う（「どこに行くの？」）

誰の例：

「〇〇は向こうにいる先生が持っているよ」と伝える（「誰が持っているの？」）

子どもが描いた絵を見せ、「見て、この絵上手でしょ」と見せる（「誰が描いたの？」）

インターホンの音を聞き「来た！」という（「誰が来たの？」）

知っている人と知らない人が写っている写真を見せる（「この人は誰？」）

音の聴き分け

目標　① さまざまな音の違いを聴き分ける
　　　　② 身の回りの世界に対する気づきや興味を高める

環境設定　子どもをセラピストの正面か横に置いた椅子に座らせる

指示（SD）とそれに対する正反応

【理解】SD1：ターゲットを含む3枚のカードを並べ、(音)を聴かせて「(音)ちょうだい／どれ？」
　　　　R1：ターゲットの音のカードを渡す

【表出】SD2：(音)を聴かせて「これは何の音？」
　　　　R2：ターゲットの音を答える

習得の基準　異なるセラピストで、2セッション続いて80％以上達成したら習得とみなす

ターゲット（順不同）	SD1 開始日	SD1 習得日	SD2 開始日	SD2 習得日
太鼓の音				
鈴の音				
ピアノの音				
ハーモニカの音				
タイマーの音				
電話の呼び出し音				
インターホンの音				
赤ちゃんの泣き声				
咳の音				
拍手の音				
トイレの水を流す音				
犬の鳴き声				
猫の鳴き声				
鳥の鳴き声				
牛の鳴き声				
豚の鳴き声				
救急車のサイレンの音				
車のクラクションの音				
オートバイの音				
のこぎりで木を切る音				
金槌で釘を打つ音				
雨の音				
雷の音				

関係するもの

目標　① 互いに関係している物事を理解する
　　　　② 身の回りの世界に対する気づきや興味を高める

環境設定　子どもをセラピストの正面か横に置いた椅子に座らせる

指示（SD）とそれに対する正反応

【理解】SD1：3枚のものカードを並べ別の（物）カードを1枚見せて「（物）と一緒に使うものは？」
　　　　R1：使うもののカードを渡す［例］ハサミと紙、傘と長靴、ジュースとコップ

【表出】SD2：（物）カードを1枚見せて「（物）と一緒に使うものは？」（1〜3つ）
　　　　R2：使うものを1〜3つ答える

【理解】SD3：3枚のものカードを並べ人・職業カードを見せて「（人・職業）が使うものは？」
　　　　R3：使うもののカードを渡す［例］お医者さんと聴診器、美容師さんとはさみ

【表出】SD4：人・職業カードを見せて「（人・職業）が使うものは？」（1〜3つ）
　　　　R4：使うものを1〜3つ答える

【理解】SD5：3枚のもの・人カードを並べ場所カードを1枚見せて「（場所）にあるもの／いる人は？」
　　　　R5：あるもの／いる人のカードを渡す［例］公園にブランコ、交番におまわりさん

【表出】SD6：場所カードを1枚見せて「（場所）にあるもの／いる人は？」（1〜3つ／人）
　　　　R6：あるもの／いる人を1〜3つ／人答える

	ターゲット （順不同）	開始日	習得日
SD1	もの―もの（選択）		
SD2	もの―もの		
SD3	人・職業―もの（選択）		
SD4	人・職業―もの		
SD5	場所―もの・人（選択）		
SD6	場所―もの・人		

※それぞれ5種類ずつ

プログラム 59　原因と結果

目標　① 物事の原因と結果について理解し、関係性を説明する
② 問題解決のスキルを身につける
③ 身の回りの世界に対する気づきや興味を高める

環境設定　子どもをセラピストの正面か横に置いた椅子に座らせる

指示（SD）とそれに対する正反応

SD1：連続絵のカードを手渡して「順番に並べて何をしているか／何があったか教えて」
　R1：カードを順番に並べて順番に描写する

SD2：連続絵の初めのカード以外を並べて「初めに何をしていたか／何があったか教えて」
　R2：初めのカードで起きていたことを説明する

SD3：連続絵の最後のカード以外を並べて「最後に何をしていたか／何があったか教えて」
　R3：最後のカードで起きていたことを説明する

SD4：状況絵のカードを1枚見せて「どうして？」「なぜ？」
　R4：質問に答える

習得の基準　異なるセラピストで、2セッション続いて80％以上達成したら習得とみなす

	ターゲット	開始日	習得日
SD1	連続絵順序と説明		
SD2	連続絵の最初		
SD3	連続絵の最後		
SD4	状況絵		

ひらがな I

目標　① ひらがなの形と音を知る
　　　　② 読み書きへの興味を育てる

環境設定　子どもをセラピストの正面か横に置いた椅子に座らせる

指示（SD）とそれに対する正反応

【理解】SD1：ターゲットを含む3枚のひらがなカードを並べターゲットのひらがなカードを1枚渡して「一緒にして／同じ字はどれ？」
　　　　R1：ターゲットの文字のカードをマッチさせる

【理解】SD2：ターゲットを含む3枚のひらがなカードを並べて「(ひらがな) ちょうだい／どれ？」
　　　　R2：ターゲットのひらがなのカードを渡す

【表出】SD3：ターゲットのひらがなカードを1枚見せて「これは何という字？／何と読む？」
　　　　R3：ターゲットのひらがなを答える

習得の基準　異なるセラピストで、2セッション続いて80％以上達成したら習得とみなす

ターゲット （順不同）	SD1 開始日	SD1 習得日	SD2 開始日	SD2 習得日	SD3 開始日	SD3 習得日
あいうえお						
かきくけこ						
さしすせそ						
たちつてと						
なにぬねの						
はひふへほ						
まみむめも						
らりるれろ						
やゆよわをん						
2字の語						
3字の語						

第Ⅱ部　ABA療育プログラム

ひらがな Ⅱ

目標　① ひらがなで書かれた語を読んで理解する
　　　　② 読み書きへの興味を育てる

環境設定　子どもをセラピストの正面か横に置いた椅子に座らせる

指示（SD）とそれに対する正反応

【理解】SD1：絵と文字が書かれたカード1枚を置きターゲットを含む3枚の<u>語カード</u>を
　　　　　　並べて「一緒にして」
　　　　R1：カードの文字と語カードをマッチさせる（字一字）

【理解】SD2：絵のみのカードを1枚置きターゲットを含む3枚の<u>語カード</u>を並べて
　　　　　　「この絵はどれ？」
　　　　R2：カードの絵に合う語カードを選ぶ

【表出】SD3：語カードを見せて「これは何と読む？」
　　　　R3：ターゲットのひらがなを答える

習得の基準　異なるセラピストで、2セッション続いて80％以上達成したら習得とみなす

ターゲット（順不同）	SD1 開始日	SD1 習得日	SD2 開始日	SD2 習得日	SD3 開始日	SD3 習得日
2字の語フォント同じ						
2字の語フォント異なる						
3字の語フォント同じ						
3字の語フォント異なる						
4字の語フォント同じ						
4字の語フォント異なる						
自分の名前						

文章理解 ［聞く］

目標　① 文章を聞いて理解し、質問に答える
　　　　② 聞く力を養い、日常生活のさまざまな場面で活かす

環境設定　子どもをセラピストの正面か横に置いた椅子に座らせる

指示（SD）とそれに対する正反応

SD1：「お話を聞いて、あとで質問に答えてください」
　R1：文章を聞き、質問に答える

習得の基準　異なるセラピストで、2セッション続いて80％以上達成したら習得とみなす

ターゲット		開始日	習得日
1文	いつ		
	どこ		
	だれ		
	なに		
	どのように（どうやって）		
	なぜ（どうして）		
2文	いつ		
	どこ		
	だれ		
	なに		
	どのように（どうやって）		
	なぜ（どうして）		
3文	いつ		
	どこ		
	だれ		
	なに		
	どのように（どうやって）		
	なぜ（どうして）		

第Ⅱ部　ABA療育プログラム

プログラム 63　文章理解 ［読む］

目標
① 文章を読んで理解し、質問に答える
② 読む力を養い、日常生活のさまざまな場面で活かす

環境設定　子どもをセラピストの正面か横に置いた椅子に座らせる

指示（SD）とそれに対する正反応

SD1：「お話を読んで、あとで質問に答えてください」
R1：文章を読み、質問に答える

習得の基準　異なるセラピストで、2セッション続いて80％以上達成したら習得とみなす

ターゲット		開始日	習得日
1文	いつ		
	どこ		
	だれ		
	なに		
	どのように（どうやって）		
	なぜ（どうして）		
2文	いつ		
	どこ		
	だれ		
	なに		
	どのように（どうやって）		
	なぜ（どうして）		
3文	いつ		
	どこ		
	だれ		
	なに		
	どのように（どうやって）		
	なぜ（どうして）		

121

第 III 部

ABA 療育の実践例

通常のプログラムでは、スキルの習得が難しい場合、それぞれの子どもの学びの傾向にあわせて、プログラムの手順に手を加えたり、ステップをさらに細かくしたりすることが度々あります。以下に、いくつかプログラムとその調整の方法について紹介します。

プログラム事例 I

【通常のマッチングプログラム】

ターゲット	開始日	習得日
全く同じ実物―実物		
全く同じカード―カード		
全く同じ実物―カード		
やや異なる実物―実物		
やや異なるカード―カード		
やや異なる実物―カード		
色		
形		
大きさ		

【A ちゃんのマッチングプログラム】

ターゲット		開始日	習得日
全く同じ実物―実物	実物―実物	1/8/2021	保留
	①コップ（f.o.3）	1/15/2021	保留
	②コップ（f.o.1）重ねる	5/7/2021	6/25/2021
	③お皿（f.o.1）重ねる	7/2/2021	8/27/2021
	④お皿（f.o.2；お皿とコップ固定）	9/3/2021	12/17/2021
	⑤コップ（f.o.2；お皿とコップ固定）	12/24/2021	―
	⑥コップ（f.o.3；お皿とコップは固定）	1/28/2022	3/18/2022
	⑦コップとお皿ランダム（f.o.3）	3/18/2022	5/27/2022
	⑧いろいろなアイテムで（f.o.3）通常パターン	7/15/2022	8/26/2022
全く同じカード―カード		8/19/2022	―
全く同じ実物―カード		9/9/2022	―

やや異なる実物―実物		9/15/2022	1/20/2023
やや異なるカード―カード		1/27/2023	―
やや異なる実物―カード		2/3/2023	―
色	カード―カード（全く同じ）	2/10/2023	―
形	カード―カード（全く同じ）	2/24/2023	―
大きさ	カード―カード（全く同じ）	3/3/2023	―

　Aちゃんは2歳2か月の時にABA療育を開始しました。開始時に行った新版K式発達検査の全領域は46（1:0）で、電車などの好きなおもちゃはあるものの、目の前から消えてしまうとそれを探そうとはせず、指で差された方向を見ることもありませんでした。集中できる時間も限られており、型はめなどのおもちゃで遊ぶことも難しい様子でした。また新しい課題に対しては拒否をすることも少なくありませんでした。療育を開始して2回目のセッションの際、マッチングのプログラムを導入することにしました。その時、すでに以下のプログラムも練習中でした。

1. 呼びかけに応える（何もしていない時、約50cm離れた所から名前を呼ばれたら視線を合わせる）
2. 要求（「ちょうだい」のジェスチャーをして欲しいものをもらう）
3. 物を使った動作模倣（マラカスを振る真似をする）
4. 「見て」（セラピストの「見て」という指示で指さされているものを見る、セラピストがAちゃんの好きなものを持っている状態）

　療育を開始してすぐに、マッチングのプログラムを始めることにしましたが、アセスメントの結果、1回目の時に、いろいろな物を使うより、決まった物でマッチングさせる方が良いと判断したため、通常のマッチングプログラムは1回で保留にし、次から、ステップを細分化して習得を目指すようにしました。

　具体的には、通常の「全く同じ実物－実物：フィールド・オブ・3（f.o.3）」で習得するまでに、7つのステップを追加しました。
①まず、マッチングする物をいろいろなものにするのではなく、コップに限定しまし

た。しかし、フィールド・オブ・3、すなわち、机上にコップとその他2つの物が置いてある状態だと正反応が得られないことが続きました。16回のセッションで続けて練習をしましたが、結局保留することになりました。

②そのため、マッチングする物はコップのまま、フィールド・オブ・1（すなわち机上にはコップのみ）にし、「コップとコップを重ねる」練習をしました。SDはそれまで通り「一緒にして」と伝え、8セッションで習得することができました。

③コップを重ねることができるようになってから、コップではなく「お皿とお皿を重ねる」ことを練習しました。こちらもフィールド1（お皿のみ）で行い、SDはコップの時と同様「一緒にして」と伝えました。5セッションでスキルを習得することができました。

④次に、フィールドを2（コップとお皿）にし、「お皿を重ねる」練習をしました。このステップは、マッチングする物を2つの中から見極め、選ぶことを目的とし、9回のセッションでスキルの獲得ができました。

⑤コップとお皿の2つの中から、お皿を選んでマッチングできるようになったので、次はコップを選んでマッチングするステップに移りました。このステップはベースラインの時点で習得となり、練習の必要はありませんでした。

⑥次のステップでは、フィールドを3、すなわちコップ、お皿、その他の物を1つ並べ、3つの中から、コップを選んで重ねる（マッチングする）練習をしました。SDは今までと同様に「一緒にして」と伝えています。フィールドは3になりましたが、その中から、コップを見極め、マッチングをすることが7回のセッションで習得しました。

⑦フィールド3のまま、コップとお皿をランダムに提示し、どちらを渡されても、マッチングできるように練習しました。9回のセッションを通して、コップとお皿どちらでもマッチングができるようになりました。

⑧そして最後に、フィールド3でいろいろな物を使い、全く同じ実物－実物のマッチングを行いました。ステップを細分化し繰り返しマッチングの練習をしてきましたが、こちらのステップは5回のセッションで習得しています。

この後、「全く同じ実物－実物：フィールド・オブ・3」を習得してからは、写真のマッチングや全く同じではなく、少し特徴の異なるものや写真のマッチングに移りましたが、ステップを細分化する必要はありませんでした。

プログラム事例Ⅱ

【通常のマッチングプログラム】

ターゲット	開始日	習得日
全く同じ実物―実物		
全く同じカード―カード		
全く同じ実物―カード		
やや異なる実物―実物		
やや異なるカード―カード		
やや異なる実物―カード		
色		
形		
大きさ		

【S ちゃんのマッチングプログラム】

ターゲット		開始日	習得日
全く同じ実物―実物	①レゴで固定　（f.o.3）	6/9/2022	―
	②お皿で固定　（f.o.3）	6/9/2022	6/23/2022
	③レゴとお皿をランダムに　（f.o.3）	6/23/2022	―
	④アヒルで固定　（f.o.3）	6/28/2022	7/21/2022
	⑤積み木で固定　（f.o.3）	6/30/2022	―
	さまざまなアイテムでランダムに（f.o.3）	7/21/2022	―
全く同じカード―カード		7/26/2022	―
全く同じ実物―カード		7/28/2022	8/18/2022
やや異なる実物―実物		8/23/2022	―
やや異なるカード―カード		8/25/2022	―
やや異なる実物―カード		8/21/2022	―
色	カード―カード（全く同じ）		
形	カード―カード（全く同じ）		
大きさ	カード―カード（全く同じ）	6/6/2023	

Ｓちゃんは４歳２か月の時にＡＢＡ療育を開始しました。開始当初、Ｓちゃんはいくつかの有意味語（例：ママ、クッキー、いやなど）を発することはありましたが、話しことばによるコミュニケーションは限られており、興味の幅も狭く、ボールを入れると下に回りながら落ちてくるおもちゃ以外に興味を示すおもちゃはありませんでした。また自分の思い通りにならないと、叫ぶ、泣く、時として他害行動（例：蹴る、たたく、噛む）などの問題行動を見せました。

　そのようなＳちゃんでしたが、視覚優位な傾向があり、療育を始めてから、早くも５回目のセッションで、写真のスケジュールに沿って課題を行うことや、トークンを集めてご褒美をもらうことが理解できるようになりました。課題中に時折叫ぶことはありましたが、着席できる時間が長くなってきたため、５回目のセッションで、マッチングのプログラムを開始しました。その時、すでに以下のプログラムも練習を始めています。

1. 呼びかけに応える（何もしていない時、約50センチ離れた所から名前を呼ばれたら視線を合わせる）
2. 要求（「ちょうだい」のジェスチャーをして欲しいものをもらう）
3. 物を使った動作模倣（コップから飲む真似をする）
4. 「見て」（セラピストの「見て」という指示で指をさされているものを見る、セラピストがＳちゃんの好きなものを持っている状態）
5. 従順（１ｍ離れた所にいるセラピストの「こっちに来て」という指示に、椅子に座っている状態から従う）
6. 指示理解（セラピストの「○○ちょうだい」という指示で机上の指をさされているものを渡す）
7. 積み木模倣（積み木を３つ積み上げる真似をする）

　アセスメントの結果、マッチングのプログラムは、初めからステップを細分化することにしました。通常の「全く同じ実物と実物のマッチング」を開始するまで、以下の５つのステップを追加しています。

①まず、マッチングする物をいろいろなものにするのではなく、レゴのマッチングに固定することにしました。フィールドの数は通常通り３つで、ＳＤも「一緒にして」の

ままにしました。この時、すでに積み木模倣のプログラムで、レゴを積み重ねること
を習得しており、レゴをマッチングすることは簡単にできました。ただ、同じものを
一緒にする、合わせることを理解しているというよりも、レゴを見たら積み重ねる
と、状況で判断している可能性がありました。

②そのため、同じ日にお皿のマッチングを試すことにしました。レゴとは違って、お皿
にはなじみがなく、お皿のマッチングには練習が必要でしたが、4回のセッションで
習得することができました。

③お皿のマッチングを習得した日に、レゴとお皿をランダムに提示して、マッチングで
きるかどうかをみたところ、問題なく合わせることができました。

④次に、あひるのフィギュアを使ってマッチングさせることにしました。ここであひる
を選んだ理由は、Sちゃんはあひるを手にすると、必ず飛び跳ねさせたり、投げたり
して遊んでいたからです。遊びたいものでも、「一緒にして」の指示を聞いたら、
マッチングができるかどうかを確認する目的がありました。結局少し時間がかかりま
したが、6回のセッションで、好きなおもちゃでもマッチングすることができるよう
になりました。

⑤あひるのマッチングと並行して、いろいろなものを使ったマッチングを始める前に、
念のため、積み木のマッチングも試しています。あひるとは違って、練習なしでマッ
チングすることができました。

「全く同じ実物と実物のマッチング」では、このようにステップを細かくして行いま
したが、それ以降は細分化の必要はなく、順調に進むことができました。

プログラム事例Ⅲ

【通常の積み木模倣プログラム】

	ターゲット	開始日	習得日
SD 1	3個 レゴ 積み上げ		
	5個 レゴ 積み上げ		
	3個 積み木 積み上げ		
	5個 積み木 積み上げ		
SD 2	1個 上 [写真見本有り]		
	1個 上 [実物見本有り]		
	2個 上 [写真見本有り]		
	2個 上 [実物見本有り]		
	2個 横 [写真見本有り]		
	2個 横 [実物見本有り]		
	3個　　[写真見本有り]		
	3個　　[実物見本有り]		
	4個　　[写真見本有り]		
	4個　　[実物見本有り]		
	5個　　[写真見本有り]		
	5個　　[実物見本有り]		
	4個 木製キューブ [平面]		
	4個 木製キューブ [立体]		

【Kちゃんの積み木模倣プログラム】

　Kちゃんは1歳10か月の時に療育を開始しました。当初の発達年齢は1歳0か月で発語や模倣のスキルはなく、呼びかけに反応することもあまりありませんでした。

　積み木模倣のプログラムを導入したのは、療育を開始して1か月程の頃で、その際には、以下のプログラムを練習していました。

1. 呼びかけに応える

　　（何もしていない時：約50cm、1m、2m離れた所から名前を呼ばれたら視線を合わせる習得）（何かしている時：約50cmの距離から練習中）

2. 要求（「ちょうだい」のジェスチャーをして欲しいものをもらう）

3. 物を使った模倣

   （積み木をバケツに入れる、太鼓をたたく、本をめくる　習得）（マラカスを振る　練習中）

4. 物を使わない動作模倣（拍手する　練習中）

5. マッチング（全く同じ実物―実物　練習中）

6. 「見て」（セラピストの「見て」という指示で指をさされているものを見る　習得）

7. 従順（1m離れた所にいるセラピストの「こっちに来て」という指示に、椅子に座っている状態から従う）

　Kちゃんの積み木模倣では、以下のようにステップを変えて練習していきました。★印は通常のプログラムにあるステップです。

	ターゲット		開始日	習得日
SD1	①	3個 メガブロック 6cm × 6.3cm × 3cm	1/16/2019	4/24/2019
	②	3個 スポンジ積み木 13cm × 25cm × 8cm	4/27/2019	6/10/2019
	③	3個 ティッシュ箱 11.5cm × 23cm × 5.5cm	5/29/2019	6/3/2019
	④	3個 直方体積み木 3cm × 6cm × 3cm	6/17/2019	―
	★	3個 立方体積み木 3cm × 3cm × 3cm	6/19/2019	6/24/2019
	★	5個 立方体積み木 3cm × 3cm × 3cm	6/26/2019	保留
	⑤	4個 メガブロック 6cm × 6.3cm × 3cm	7/1/2019	7/17/2019
	⑥	4個 立方体積み木 3cm × 3cm × 3cm	7/22/2019	8/28/2019
	★	5個 立方体積み木 3cm × 3cm × 3cm	8/30/2019	10/9 保留
SD2	① 1個 上 形固定		10/16/2019	12/11/2019
	② 1個 上 形固定		12/14/2019	12/20/2019
	③ 1個 上 形固定		12/25/2019	―
	④ 1個 上 形固定		1/8/2020	2/5/2020
	★ 1個 上 形ランダム		2/26/2020	3/4/2020
	★ 2個 上 形ランダム		3/11/2020	6/3/2020

① まず、通常の小さな立方体の積み木ではなく、大きなメガブロックで積みあげる練習をしました。積み上げている最中にずれて倒れてしまうことはありませんでしたが、3個のメガブロックを積み上げるのに17回のセッションを要しました。

② メガブロックを3個積み上げられるようになったので、カチッとはまらないスポン

ジでできた積み木を使って練習したところ、10回のセッションで習得しました。

③ スポンジ製の積み木で練習している最中に、その積み木よりやや小さいティッシュ箱の積み上げも同時に練習しました。ここでは、どのようなものでも「積み上げて」の指示に従うことを目的に練習しましたが、2回のセッションで習得することができました。

④ ②と③のステップを習得した後、木製の直方体の積み木を3個積み上げる練習を開始しましたが、すでに「積み上げて」の指示に従えるようになっていたので、直方体の積み木の積み上げはベースラインで通過しました。その直後に、立方体の積み木を3個使って練習を始めましたが、2回のセッションで習得したため、5個の積み木に移ることになりました。しかし、集中力と微細のスキルの面でかなりの困難さが見られたため、すぐに保留にすることにしました。

⑤ その代わり、メガブロックを4個積み上げる練習を始めると、5回のセッションで習得できました。

⑥ その後、4個の立方体の積み木で練習を開始しましたが、こちらも4回のセッションで習得しました。そのため、積み木を5個積み上げることに再度チャレンジし、11回のセッションに及ぶ練習をしましたが、プロンプトを減らしていくことが難しく、集中と手先の困難さが続いたため、保留することにしました。

5個の積み木を積み上げることは保留にしましたが、SD2の積み木模倣に進むことにしました。

SD2では、1個の積み木の上にもう1個の積み木を、見本と同じように乗せることを最初の目標にしました。完成の形はランダムでなく固定にして進めました。

① まず、直方体の積み木の上に、立方体の積み木を乗せることから始めました。SD1で立方体の積み木を積み上げる練習していたためか、6回のセッションで習得することができました。

② 次に、円柱の積み木を乗せるステップを開始しました。今までに使ったことのない形の積み木でしたが、4回のセッションで習得しました。

③ それから、直方体の積み木を立て向きに乗せるのを試したところ、ベースラインで通過しました。

④ さらに、三角柱の積み木を乗せるステップは、7回のセッションで習得となりました。

第Ⅲ部　ABA 療育の実践例

　4 つの異なる形をそれぞれ固定にして、積み木を一つ「上」に乗せられるようになったので、今度は見本の形をランダムに提示しましたが、順調に 3 セッションで習得することができました。

　それから 2 個の積み木を乗せるステップに入りましたが、見本の形をランダムのまま続けました。どうしても 2 つの積み木を指先で上手く操作するのが難しく、最終的に習得するのに 21 回のセッションと時間はかかりましたが、目の前にある見本を模倣するという課題自体は理解している様子でした。

　その後、もう一度、立方体の積み木を積み上げる練習に戻り、9 個の積み木を積み上げたところで、積み木模倣のプログラムは終了することにしました。

ケースレビュー I

　T君は3歳6か月の時に、地域の療育センターで自閉症スペクトラム障害の診断を受けた後に、ABA療育を開始することにしました。以下に、3歳8か月でABA療育を始めてから、2年数か月にわたる療育の経過をまとめました。

療育開始時 ［3歳8か月］

新版K式発達検査の結果（地域の療育センターで実施）：

検査時年齢	3歳6か月	
姿勢・運動	［記載なし］	
認知・適応	55	（1歳11か月）
言語・社会	66	（2歳4か月）
全領域	［記載なし］	

療育頻度：週2〜3回　個別セッション（2時間×2〜3回）

開始時プログラム数：DTT 18　※詳細はプログラムチェックリスト（138〜139ページ）参照

　比較的目で見た情報から物事を理解するのが得意だったことから、療育開始時から写真のスケジュール（2か3）やトークン（5か10）を使いながら、椅子に座って課題に取り組む練習を始めました。プログラムは、基礎的なものを中心に、マッチング、動作模倣、身の回りのもの、色、形、動作のことばなど順調に進んでいきました。その頃のT君のおもな強化子はおもちゃで、着席し続けたり、正しく答えられたりすると褒められて、トミカで遊べるという仕組みをはやくから理解し、楽しそうに課題に取り組む姿が見られました。その一方で、遊びの時間から机上学習に切り替わる時や、自分の思い通りに物事が進まない時は、気持ちがついていけず、ぐずぐずしてしまうことも頻繁にありました。

療育開始6か月後 ［4歳1か月］

療育頻度：週3回　個別セッション（2時間×3回）

プログラム数：DTT 19（保留中2）　※詳細はプログラムチェックリスト（138〜139ページ）参照

第Ⅲ部　ABA療育の実践例

　療育を開始してから6か月の間に、基礎的なプログラムはほぼ終わり、連続指示理解、はい・いいえ、感情、物の機能、物の特徴など、少し難しいプログラムが始まりました。多くのプログラムを着実に習得していく一方で、感情のプログラムでは、シンプルなイラストの表情はわかりやすかったものの、写真の表情を理解することが難しく、多い/少ない、長い/短いなど、対の概念の理解にも少し時間がかかりました。また、共同注意や積み木模倣（立体）などのプログラムは一時的に保留にしなければならず、T君にとって苦手な課題が明らかになりました。

療育開始1年後　[4歳8か月]

新版K式発達検査の結果（当協会で実施）：

検査時年齢　4歳8か月

姿勢・運動　　80（3歳9か月）

認知・適応　112（5歳3か月）

言語・社会　106（5歳0か月）

全領域　　　106（5歳0か月）

療育頻度：週3回　個別セッション2回（2時間×2回）と集中グループセッション
　　　　　1回（4時間）

プログラム数：DTT 11（保留中1）およびNET

※詳細はプログラムチェックリスト（138〜139ページ）参照

　療育を開始してから1年、習得したこともかなり増え、プログラムの内容は、状況や理由を説明する、○○なものをいくつか挙げるなど、上級レベルのものが中心になりました。また、DTTに加え、挨拶や絵本の内容理解など、NETによる学習も始まりました。療育の形態としては、学んだことを集団の環境で般化させることを目的に、週2回の個別セッションの他に、週1回のグループセッションに参加しました。グループセッションでは、5、6人の仲間と活動や遊びを共にし、身辺自立、対人コミュニケーション、感情や行動のコントロールの練習をしました。課題が難しいと感じると、「できない」「疲れちゃった」と、泣いたり課題を拒否したりすることもありましたが、全体的には集団の中で学んだことを発揮して、ことばで意思を伝えられるようになりました。また新版K式発達検査では、上限と下限で2級差が見られたましたが、点数が著しく

135

伸び、大きな成長を感じました。

療育開始　１年４か月後　[5歳0か月]

言語・コミュニケーション発達スケール（LCスケール）検査結果（他機関で実施）：

検査時年齢　　5歳0か月

言語表出　　　102（5歳6か月）

言語理解　　　101（5歳6か月）

コミュニケーション　　87（4歳5か月）

　検査を実施した言語聴覚士によると、反対語や動詞など、語彙の知識は十分にあり、長いストーリーの理解もできていたそうです。ただし、自由度の高い課題や会話では答えに窮したり、やりとりが噛み合わなかったりすることもあったとのことです。

療育開始１年６か月後　[5歳2か月]

療育頻度：週3回　個別セッション2回　（2時間×2回）と

　　　　　　　ソーシャルスキルグループ1回（2時間）

プログラム数：DTT 8（保留中1）および NET

　　　　　　　　　　　　※詳細はプログラムチェックリスト（138〜139ページ）参照

　療育開始後1年半、ほとんどのDTTプログラムを終了し、一時的に保留にしていた要求のプログラム（SD4：相手の注目を得てから要求を伝える）を再開しました。またNET学習では、会話のキャッチボールやマナーの理解など、ソーシャル面を中心に練習しました。療育の形態としては、個別療育は引き続き週2回、グループ療育は身辺自立や行動面の練習をするグループから、ソーシャルスキルのグループへに移りました。身辺自立を獲得し、物事の理解や説明も随分できるようになりましたが、ソーシャル面においてはまだまだ課題が見られました。とりわけ友達に関心を示したり、会話のキャッチボールをしたりすることは難しく、ゲームに参加するのを嫌がることもあったため、繰り返しの練習をする必要がありました。

療育開始１年10か月後　[5歳6か月]

田中ビネー知能検査の結果（地域の療育センターで実施）：

検査時年齢　　5歳6か月

精神年齢　　　（MA）6 歳 1 か月
知能指数　　　（IQ）111

　手帳更新のための検査で、前回の新版 K 式発達検査に比べ、知的面で大きな成長が見られました。検査中はややマイペースでの多弁な傾向があり、人関係の質問に対して「わからない」と応答の弱さを示しましたが、援助要請は適切に伝えられたようです。

療育開始 2 年後　[5 歳 8 か月]

療育頻度：週 2 回　個別セッション 1 回（2 時間）　小学校準備グループ（1.5 時間）
プログラム数：DTT 2（保留中 1）および NET

※詳細はプログラムチェックリスト（138 ～ 139 ページ）参照

　療育を開始してから 2 年、小学校入学まであと 1 年ということで、園にいる時間を増やし、日常の経験の中で学ぶことを重視しました。DTT のプログラムよりも、会話のやりとりや物事の説明を自然な形で練習し続け、友達の気持ちを理解することや適切な声掛けをすることも目標にしました。また課題が難しい時や気分が乗らない時に、気持ちの折り合いをつけることも学びました。

療育開始 2 年 4 か月後　[6 歳 0 か月]

新版 K 式発達検査の結果（当協会で実施）：

姿勢・運動　　　—　（生活年齢が検査の年齢級を超えているため算出していません）
認知・適応　　　110　（6 歳 7 か月）
言語・社会　　　111　（6 歳 8 か月）
全領域　　　　　111　（6 歳 8 か月）

　今回の検査では、前回の新版 K 式発達検査時に見られた上限と下限の差はほとんどなく、各領域でバランスの良い結果になりました。また検査中、少し難しくても前回のようにめげることはなく、最後まで気持ちの乱れもなく安定してやり遂げることができました。

プログラムチェックリスト

実施（✓）終了・不必要（○）未開始（M）保留（H）

		2021年7月	2022年1月	2022年7月		2023年1月		2023年7月	
1	呼びかけに応える	✓50センチ 何もしていない	✓2m 何もしていない	○		○		○	
2	椅子に座る	○	○	○		○		○	
3	要求／マンド	✓SD1	○	✓SD2		✓SD3		○	
4	従順	○	○	○		○		○	
5	指示理解	M	✓2ステップ	○		○		✓3、4ステップ	
6	動作模倣[物・道具あり]	✓2ステップ	○	○		○		○	
7	動作模倣[物・道具なし]	✓2ステップ	○	○		○		○	
8	マッチング	✓全く同じか カード・やや異なる実物とカード	○	○		○		○	
9	積み木模倣	✓SD2 2個上	✓SD2 木製キューブ 立体保留	✓SD2 木製キューブ 立体保留		✓SD2 木製キューブ 立体保留		✓SD2 木製キューブ 立体保留	
10	身近なひと	○	○	○		○		○	
11	分類	✓SD2 カード 3：3、3：6	○	○		○		○	
12	「見て」	✓SD4 1m	○	○		○		○	
13	口の動きの模倣	○	○	○		○		○	
14	音・語の模倣	○	○	○		○		○	
15	手先の動きの模倣								
16	ごっこ遊びⅠ								
17	はい‐いいえ[要求]	M	○	○		○		○	
18	体	✓SD1 SD2	✓SD3	○		○		○	
19	生活道具	✓SD2	○	○		○		○	
20	動物	○	○	○		○		○	
21	色	✓SD2	✓SD6	○		○		○	
22	形	✓SD1 SD2	✓SD5			○		○	
23	食べもの・飲みもの								
24	くだもの・野菜								
25	乗りもの								
26	身につけるもの								
27	動作Ⅰ	✓SD2	○	○		○		○	
28	動作Ⅱ								
29	対のことば	✓SD1	✓SD2	○		○		○	

#	項目								
30	仲間のことば／カテゴリー	✓SD2	✓SD5	○		○		○	
31	ものの機能	M	✓SD2	○		○		○	
32	会話[質問に答える]	✓名前・年齢	○	○		○		○	
33	はい-いいえ[正否]	M	✓SD3 SD4	○		○		○	
34	位置・場所	M	✓SD1 SD2	✓SD3		✓SD6		○	
35	数字	✓SD3	○	○		○		○	
36	数量Ⅰ	M	✓SD2	○		○		○	
37	数量Ⅱ	M	○	○		○		○	
38	パターン	M	M	○		○		○	
39	感情	M	✓SD5	✓SD7		○		○	
40	ごっこ遊びⅡ	○	○	○		○		○	
41	共同注意	✓SD1	✓SD2 保留	✓SD2 2回目		○		○	
42	工作	M	M	✓SD1 おりがみ		○		○	
43	お絵描き	M	○	○		✓SD4		○	
44	同じ-違う	M	○	✓SD4		○		○	
45	順序	M	○	✓SD2		○		○	
46	ものの特徴	M	✓SD2	✓SD3		○		○	
47	働く人	M	✓SD2	○		✓SD4	NET ※日常のルーティンについて順に説明 ※1枚の絵から複数の情報を正しい文章で描写する ※ゲーム：①Headbanz説明 ②ヤギのゲーム（数の記憶）※2往復の会話 ※点描写 ※ちえのおけいこ ※Fluency：処理スピード ※絵本の内容理解	○	NET ※2往復の会話 ※説明：①1枚のカードから感情や予測も含めて複数の情報を挙げる ②取り組んだ課題を順番に説明する ③絵本の内容について説明 ※こんな時なんて言う？ ※こんな時どんな気持ち？ ※ちえのおけいこ ※ゲーム：勝敗受け入れ ※セッションの振り返り
48	公共の場	M	✓SD2	○		○		○	
49	部屋	M	✓SD2	○		○		○	
50	天気	M	M	○	NET ※あいさつのことば ※1枚の絵から様々な質問に答える ※ゲーム：Headbanz Yes/Noで回答 ※絵本の内容理解 ※点つなぎ ※なぞりがき ※なぞなぞ	○		○	
51	季節	M	M	M		M		M	
52	何がなくなった？	M	○	○		○		○	
53	何がおかしい？	M	○	○		○		○	
54	会話[続けるⅠ]	M	✓SD1	○		○		○	
55	会話[続けるⅡ]	／	／	／		／		／	
56	会話[質問をする]	M	M	M		○		○	
57	音の聴き分け	M	M	○		○		○	
58	関係するもの	M	○	○		✓SD7		○	
59	原因と結果	M	M	✓SD1		✓SD4		○	
60	ひらがなⅠ	／	／	／		／		／	
61	ひらがなⅡ	／	／	／		／		／	
62	文章理解[聞く]	M	M	✓1文		✓2文		○	
63	文章理解[読む]	M	M	M		M		○	

ケースレビュー Ⅱ

　M君が2歳になった時に、ことばの遅れと意思表示の少なさが気になり、地域の療育センターに相談に行きましたが、しばらく様子を見るように言われました。しかし、保育園で全体指示が通りにくいこと、要求のことばが出ないこと、友達にあまり興味がないことを指摘されたので、3歳になった時にABA療育を開始することにしました。以下に3歳1か月でABA療育を始めてから2年数か月にわたる療育経過をまとめました。

療育開始時　[3歳1か月]

新版K式発達検査の結果（当協会で実施）：

検査時年齢　3歳1か月

姿勢・運動　47（1歳5か月）

認知・適応　49（1歳6か月）

言語・社会　65（2歳0か月）

全領域　　　53（1歳8か月）

療育頻度：週1回　個別セッション（2時間）

開始時プログラム数：DTT 18　※詳細はプログラムチェックリスト（145〜146ページ）参照

　もともと数字が得意だったため、療育開始時から、1番○○、2番○○など、課題の順序を視覚化して提示することにし、スケジュール（2〜3）とトークン（5もしくは10）を使いました。当初、基礎的なプログラムを中心に、呼びかけに応える、要求、指示理解、マッチング、動作模倣、積み木模倣、音声模倣、体、身のまわりのもの、色、形、動作のことばなどを導入しました。M君は、プラレールのおもちゃが好きで、正しく答えると褒められて、トークンがもらえ、トークンが溜まるとおもちゃで遊べるという流れをすぐに理解し、楽しそうに課題に取り組み、着々とできることを増やしていきました。一方、問題行動はありませんでしたが、自発的な発語や他者との関わりはほとんど見られませんでした。

第Ⅲ部　ABA療育の実践例

療育開始6か月後　［3歳7か月］

療育頻度：週2回　個別セッション（2時間×2回）

プログラム数：DTT 20　※詳細はプログラムチェックリスト（145〜146ページ）参照

　療育開始から6か月の間、基礎的なプログラムは順調に進み、飾りことば（対のことば）、感情、順序、会話など、少し難しいプログラムも始まりました。単にものの名称を覚える課題から、質問の内容を聴き分けて答える課題も練習することになりました。療育頻度も週1回から2回になり、時間数が増えました。M君の学びの特徴として、ベースラインで0％だった課題でも、一度教えると、すぐに習得するという傾向が見られ、ほとんどのプログラムで順調に進んでいきました。しかし、「呼びかけに応じる」プログラムでは、プロンプトのレベルが変わらず、なかなか習得になりませんでした。

療育開始1年後　［4歳1か月］

新版K式発達検査の結果（当協会で実施）：

検査時年齢　　4歳1か月

姿勢・運動　　75（3歳1か月）

認知・適応　　77（3歳2か月）

言語・社会　　93（3歳10か月）

全領域　　　　85（3歳6か月）

療育頻度：週2回　個別セッション2回　（2時間×2回）

プログラム数：DTT 18（保留中2）　※詳細はプログラムチェックリスト（145〜146ページ）参照

　療育を始めてから1年、習得したプログラムはかなり増えました。内容としては、物事の描写や説明をしたり、〜なものをいくつか挙げたりするなど、比較的難しいプログラムが始まりました。この頃になると、ことばのやりとりはかなりスムーズになっており、自発的に要求を伝えることも少しずつ増えてきました。しかし、「呼びかけに応じる」ことと立体的な「積み木模倣」はなかなか進まず、一時的に止めることにしました。また、慣れないWHの質問は答えられずに、質問を繰り返してしまうことが度々ありました。プログラムの学習以外には、この時期、トイレのトレーニングを開始し、身辺自立にも取り組みました。その他、見立て遊びの練習や、オーラルチューブを使っ

141

て口内の感覚刺激を満たすことも頻繁に行いました。2度目に実施した新版K式発達検査では全領域で著しい成長が見られました。

療育開始　1年6か月後　[4歳7か月]

療育頻度：週2回　個別セッション2回　（2時間×2回）
プログラム数：DTT 8（保留中2）　※詳細はプログラムチェックリスト（145～146ページ）参照

療育を開始して1年半、大半のDTTプログラムを習得し、一時的に保留にしていた「呼びかけに応じる」「積み木模倣（立体）」のプログラムを再開しました。「呼びかけに応じる」では、50センチの距離から呼びかけられて視線を合わせられるようになると、その後は次々にステップを習得していきました。また「積み木模倣」のプログラムは、木製キューブで立体模倣をする前に、いろいろな色のレゴで練習したところ、形を捉えやすくなった様子でした。その他のプログラムとして、物の機能や感情の理由を説明する、○色の物をいくつか挙げる、文を聴き取るなどを練習し始めましたが、正答が1つでないものは習得に時間がかかるという傾向が見られました。自分でもそれを認識しているのか、「できない」「これは無理」というような発言をし、時には泣いてしまうこともありました。全般的に、ルーティンや決まり事の通りに行動するのは得意なものの、変化や失敗を受け入れることが難しかったので、セッション中は、指示の出し方や教材の種類など、柔軟性を高めるように工夫しました。またそれと同時に、ソーシャルスキルグループの参加を勧めました。

療育開始1年11か月後　[5歳0か月]

田中ビネー知能検査の結果（地域の療育センターで実施）：

検査時年齢　　　　5歳0か月
精神年齢（MA）　　5歳9か月
知能指数（IQ）　　115

　5歳になり、地域の療育センターで、田中ビネー知能検査Vを受けました。1年前に受けた新版K式発達検査の結果と比べると、さらに大きな成長が見られました。検査の報告書によると、最後まで意欲的に取り組むことができていたようです。必要なところに注意を向けてじっくり取り組むこと、うまくいかない時に試行錯誤することが上手

第Ⅲ部　ABA療育の実践例

になったとのことでした。ただ、検査場面のパターン的なやりとりの中で経験をもとに取り組むのは得意な一方で、生活の中で状況に合わせて柔軟に考え表現するのは苦手であるという指摘を受けました。

療育開始2年後　[5歳1か月]

療育頻度：週2回　個別セッション1回（2時間）　ソーシャルスキルグループ（1.5時間）
プログラム数：DTT 6およびNET　※詳細はプログラムチェックリスト（145〜146ページ）参照

　療育を開始して2年、DTTのプログラムもほぼ終わり、NETによる学習に移行しました。自然な場面でさまざまな要求をすること、絵本の内容を理解すること、ゲームに参加することなどの他、巧緻性を高めるためになぞり書きや折り紙の練習も始めました。療育の形態としては、週1回の個別療育を継続して、週1回のソーシャルスキルグループに参加し、友達との関わりや遊びを楽しみながら、いろいろな状況を柔軟に受け止めたり、相手がわかるように意思表示したりする練習をしました。またトイレのトレーニングは、家庭以外では成功が難しいという状態が続いていました。

療育開始2年6か月後　[5歳7か月]

療育頻度：週2回　個別セッション1回（2時間）　ソーシャルスキルグループ（1.5時間）
プログラム数：DTT 9およびNET　※詳細はプログラムチェックリスト（145〜146ページ）参照

　療育開始後2年半、なるべく自然な形で、ことばのやりとりやごっこ遊びをする時間をもち、手先の強化のため、手遊び、書字、描画、折り紙なども繰り返し練習しました。グループの際は、一斉指示を聞き逃してしまったり、咄嗟に答えられなかったりする姿が見られましたが、個別セッションで学んだことを発揮するよい経験でした。時として、自分が思うように答えられないと感じると、「うーん」「何かなぁ」となかなか答えようとしないこともありましたが、少しずつ、「大丈夫」と思えることも増えていきました。トイレのトレーニングは予想以上に長引いていましたが、時折、自分から「トイレに行きたい」と要求するようになりました。

療育開始 2 年 9 か月後 [5 歳 10 か月]

質問 – 応答関係検査の結果（当協会で実施）：

検査時年齢　　5 歳 10 か月

総得点　　　　174 点（4 歳台）

　20 分程度でスムーズに検査を終えました。総得点は 4 歳台になりましたが、細かく見ると 2 歳台から 6 歳台まで、全体的にかなり凸凹のある結果でした。なぞなぞや物事の理由説明は得意で、療育で練習したことがしっかり発揮できていましたが、物語の説明は経験値が少ないのか、難しい様子でした。

第Ⅲ部　ABA 療育の実践例

プログラムチェックリスト

実施（✓）終了・不必要（○）未開始（M）保留（H）

		2019 年 7 月	2020 年 1 月	2020 年 7 月	2021 年 1 月	2021 年 7 月		2022 年 1 月	
1	呼びかけに応える	✓ 50 センチ 何もしていない	✓ 50 センチ 何もしていない	✓ 50 センチ 何もしていない 保留	○	○		○	
2	椅子に座る	○	○	○	○	○		○	
3	要求／マンド	✓ SD1	✓ SD4	✓ SD4	✓ SD4	○		○	
4	従順	こっちに来て 1 m 座った 状態	○	○	○	○		○	
5	指示理解	✓	○	○	○	○		○	
6	動作模倣［物・道具あり］	✓	○	○	○	○		○	
7	動作模倣［物・道具なし］	✓	○	○	○	○		○	
8	マッチング	✓ 全く同じか 実物・ やや異なる 実物とカード	○	○	○	○		○	
9	積み木模倣	✓ SD1 5 個	✓ SD2 5 個 実物見本	✓ SD2 木製キューブ 立体　保留	✓ SD2 木製キューブ 立体　保留	○		○	
10	身近なひと	M	○	○	○	○		○	
11	分類	✓ SD2 異なるカード 3：6	○	○	○	○		○	
12	「見て」	✓ SD1 〜 SD4	○	○	○	○		○	
13	口の動きの模倣	✓	○	○	○	○		○	
14	音・語の模倣	✓	○	○	○	○		○	
15	手先の動きの模倣								
16	ごっこ遊び I								
17	はい - いいえ ［要求］	M	○	○	○	○		○	
18	体	✓ SD1	✓ SD2	○	○	○		○	
19	生活道具	✓ SD2	○	○	○	○		○	
20	動物	✓ SD2	○	○	○	○		○	
21	色	✓ SD2	✓ SD5	✓ SD6	✓ SD6	○		○	
22	形	✓ SD1	✓ SD5	✓ SD6	○	○		○	
23	食べもの・飲みもの								
24	くだもの・野菜								
25	乗りもの								
26	身につけるもの								
27	動作 I	✓ SD1	○	○	○	○		○	
28	動作 II								
29	対のことば	M	✓ SD1 SD2	✓ SD2	○	○		✓ SD2	

#							(NET)		(NET)
30	仲間のことば／カテゴリー	M	✓ SD3	✓ SD5	○	○		○	
31	ものの機能	M	✓ SD2	✓ SD4	✓ SD4	✓ SD4		○	
32	会話[質問に答える]	M	✓ママの名前	○	○	○		○	
33	はい‐いいえ[正否]	M	○	○	○	○		○	
34	位置・場所	M	✓ SD1	✓ SD3	○	○		○	
35	数字	M	○	○	○	○		○	
36	数量Ⅰ	M	○	○	○	○		○	
37	数量Ⅱ	M	○	○	○	○		○	
38	パターン								
39	感情	M	✓ SD5	✓ SD5	✓ SD7	○		✓ SD7	
40	ごっこ遊びⅡ	M	M	M	M	M	_NET_	✓	_NET_
41	共同注意	M	✓ SD4	✓ SD6	○	○	※要求：動作の要求「どいて・あけて・きて・やって」 ※共同注意：自然な流れの中で練習 ※会話：質問に答える：自然な流れで行う ※1枚のカードをみて状況を描写する ※ゲーム：同じものを見つける（お化けキャッチ） ※手遊び ※なぞりがき ※絵本の内容理解	○	※要求：動作の要求「どいて・あけて・きて・やって」 ※共同注意：自然な流れの中で練習 ※会話：質問に答える：自然な流れで行う ※1枚のカードから複数の情報を描写する ※ゲーム：Headbanz：カードの説明 ※手遊び ※なぞりがき ※絵本の内容理解
42	工作	M	M	M	M	✓おりがみ・ぬりえ		✓おりがみ	
43	お絵描き	M	✓ SD1	✓ SD2	○	○		✓ SD3	
44	同じ‐違う	M	○	○	○	○		○	
45	順序	M	✓ SD1 1〜5	✓ SD1 3枚のカード	✓ SD1 4枚のカード SD2 3枚のカード保留	○		○	
46	ものの特徴	M	✓ SD2	✓ SD3	✓ SD4	○		○	
47	働く人	M	✓ SD1	✓ SD1	○	✓ SD4		✓ SD4	
48	公共の場	M	M	○	○	○		✓ SD4	
49	部屋	M	✓ SD1	✓ SD4	○	○		○	
50	天気	M	M	✓ SD2	○	○		○	
51	季節	M	M	M	M	M		M	
52	何がなくなった？	M	✓ SD3	✓ SD4	○	○		○	
53	何がおかしい？	M	M	M	○	○		○	
54	会話[続けるⅠ]	M	✓	○	○	○		○	
55	会話[続けるⅡ]								
56	会話[質問をする]	M	M	M	M	✓ SD2		✓ SD2	
57	音の聴き分け	M	M	M	M	M		M	
58	関係するもの	M	M	○	○	○		○	
59	原因と結果	M	M	M	M	✓ SD2		✓ SD3 SD4	
60	ひらがなⅠ								
61	ひらがなⅡ								
62	文章理解[聞く]	M	M	M	✓1文	✓2文		○	
63	文章理解[読む]	M	M	M	M	M		M	

巻末付録

付録 1

DTT 10 トライアル 記録シート

氏名：＿＿＿＿＿＿＿＿＿＿　　　　　　　プログラム：＿＿＿＿＿＿＿＿＿＿＿＿

（＋）＝正反応　（－）＝誤反応											

日付：＿＿＿＿＿＿　セラピスト：＿＿＿＿

SD：＿＿＿＿＿＿＿＿＿＿＿＿＿＿＿＿＿＿

ターゲット：＿＿＿＿＿＿＿＿＿＿＿＿＿＿

プロンプト：＿＿＿＿＿＿＿＿＿＿＿＿＿＿

B	1	2	3	4	5	6	7	8	9	10

正反応%＿＿＿＿＿　％　申し送り：＿＿＿＿＿＿

日付：＿＿＿＿＿＿　セラピスト：＿＿＿＿

SD：＿＿＿＿＿＿＿＿＿＿＿＿＿＿＿＿＿＿

ターゲット：＿＿＿＿＿＿＿＿＿＿＿＿＿＿

プロンプト：＿＿＿＿＿＿＿＿＿＿＿＿＿＿

B	1	2	3	4	5	6	7	8	9	10

正反応%＿＿＿＿＿　％　申し送り：＿＿＿＿＿＿

日付：＿＿＿＿＿＿　セラピスト：＿＿＿＿

SD：＿＿＿＿＿＿＿＿＿＿＿＿＿＿＿＿＿＿

ターゲット：＿＿＿＿＿＿＿＿＿＿＿＿＿＿

プロンプト：＿＿＿＿＿＿＿＿＿＿＿＿＿＿

B	1	2	3	4	5	6	7	8	9	10

正反応%＿＿＿＿＿　％　申し送り：＿＿＿＿＿＿

日付：＿＿＿＿＿＿　セラピスト：＿＿＿＿

SD：＿＿＿＿＿＿＿＿＿＿＿＿＿＿＿＿＿＿

ターゲット：＿＿＿＿＿＿＿＿＿＿＿＿＿＿

プロンプト：＿＿＿＿＿＿＿＿＿＿＿＿＿＿

B	1	2	3	4	5	6	7	8	9	10

正反応%＿＿＿＿＿　％　申し送り：＿＿＿＿＿＿

日付：＿＿＿＿＿＿　セラピスト：＿＿＿＿

SD：＿＿＿＿＿＿＿＿＿＿＿＿＿＿＿＿＿＿

ターゲット：＿＿＿＿＿＿＿＿＿＿＿＿＿＿

プロンプト：＿＿＿＿＿＿＿＿＿＿＿＿＿＿

B	1	2	3	4	5	6	7	8	9	10

正反応%＿＿＿＿＿　％　申し送り：＿＿＿＿＿＿

セッションの初めに、プロンプトなしでできるか確認し（Baseline）記録する(＋/－)
（＋）であればそのままプロンプトなし、（－）であれば前回セッションのプロンプトで行う

©一般社団法人 東京ABA発達支援協会

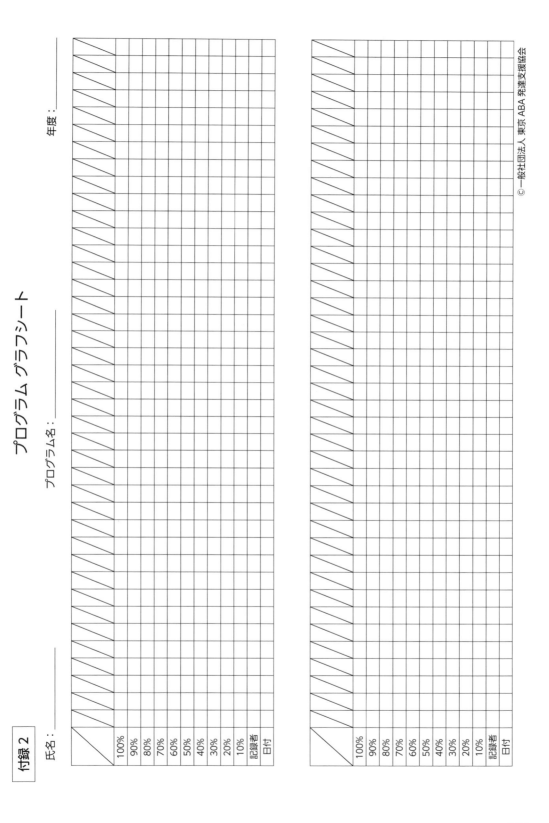

付録3

要求プログラム　データシート

氏名：_____

日付	Target	IND	プロンプト		正反応%	その他
TH			FP：			
			PP：			
			Modeling：			
			VP：			
日付	Target	IND	プロンプト		正反応%	その他
TH			FP：			
			PP：			
			Modeling：			
			VP：			
日付	Target	IND	プロンプト		正反応%	その他
TH			FP：			
			PP：			
			Modeling：			
			VP：			
日付	Target	IND	プロンプト		正反応%	その他
TH			FP：			
			PP：			
			Modeling：			
			VP：			
日付	Target	IND	プロンプト		正反応%	その他
TH			FP：			
			PP：			
			Modeling：			
			VP：			
日付	Target	IND	プロンプト		正反応%	その他
TH			FP：			
			PP：			
			Modeling：			
			VP：			
日付	Target	IND	プロンプト		正反応%	その他
TH			FP：			
			PP：			
			Modeling：			
			VP：			
日付	Target	IND	プロンプト		正反応%	その他
TH			FP：			
			PP：			
			Modeling：			
			VP：			
日付	Target	IND	プロンプト		正反応%	その他
TH			FP：			
			PP：			
			Modeling：			
			VP：			
日付	Target	IND	プロンプト		正反応%	その他
TH			FP：			
			PP：			
			Modeling：			
			VP：			
日付	Target	IND	プロンプト		正反応%	その他
TH			FP：			
			PP：			
			Modeling：			
			VP：			
日付	Target	IND	プロンプト		正反応%	その他
TH			FP：			
			PP：			
			Modeling：			
			VP：			

©一般社団法人 東京ABA発達支援協会

巻末付録

付録4

プローブデータシート

氏名：＿＿＿＿＿＿＿＿＿＿＿＿

プログラム：＿＿＿＿＿＿＿＿＿＿＿

ターゲット	/	/	/	/	/	/	/	/	/	/
	Y N	Y N	Y N	Y N	Y N	Y N	Y N	Y N	Y N	Y N
	Y N	Y N	Y N	Y N	Y N	Y N	Y N	Y N	Y N	Y N
	Y N	Y N	Y N	Y N	Y N	Y N	Y N	Y N	Y N	Y N
	Y N	Y N	Y N	Y N	Y N	Y N	Y N	Y N	Y N	Y N
	Y N	Y N	Y N	Y N	Y N	Y N	Y N	Y N	Y N	Y N
	Y N	Y N	Y N	Y N	Y N	Y N	Y N	Y N	Y N	Y N
	Y N	Y N	Y N	Y N	Y N	Y N	Y N	Y N	Y N	Y N
	Y N	Y N	Y N	Y N	Y N	Y N	Y N	Y N	Y N	Y N
	Y N	Y N	Y N	Y N	Y N	Y N	Y N	Y N	Y N	Y N
	Y N	Y N	Y N	Y N	Y N	Y N	Y N	Y N	Y N	Y N
	Y N	Y N	Y N	Y N	Y N	Y N	Y N	Y N	Y N	Y N
	Y N	Y N	Y N	Y N	Y N	Y N	Y N	Y N	Y N	Y N
	Y N	Y N	Y N	Y N	Y N	Y N	Y N	Y N	Y N	Y N
	Y N	Y N	Y N	Y N	Y N	Y N	Y N	Y N	Y N	Y N
	Y N	Y N	Y N	Y N	Y N	Y N	Y N	Y N	Y N	Y N
	Y N	Y N	Y N	Y N	Y N	Y N	Y N	Y N	Y N	Y N
	Y N	Y N	Y N	Y N	Y N	Y N	Y N	Y N	Y N	Y N
	Y N	Y N	Y N	Y N	Y N	Y N	Y N	Y N	Y N	Y N
	Y N	Y N	Y N	Y N	Y N	Y N	Y N	Y N	Y N	Y N
	Y N	Y N	Y N	Y N	Y N	Y N	Y N	Y N	Y N	Y N
	Y N	Y N	Y N	Y N	Y N	Y N	Y N	Y N	Y N	Y N
	Y N	Y N	Y N	Y N	Y N	Y N	Y N	Y N	Y N	Y N
	Y N	Y N	Y N	Y N	Y N	Y N	Y N	Y N	Y N	Y N
	Y N	Y N	Y N	Y N	Y N	Y N	Y N	Y N	Y N	Y N
	Y N	Y N	Y N	Y N	Y N	Y N	Y N	Y N	Y N	Y N
	Y N	Y N	Y N	Y N	Y N	Y N	Y N	Y N	Y N	Y N
	Y N	Y N	Y N	Y N	Y N	Y N	Y N	Y N	Y N	Y N
	Y N	Y N	Y N	Y N	Y N	Y N	Y N	Y N	Y N	Y N
	Y N	Y N	Y N	Y N	Y N	Y N	Y N	Y N	Y N	Y N

©一般社団法人 東京ABA発達支援協会

付録5

DTT・NET課題シート

年度：＿＿＿＿＿＿＿　　名前：＿＿＿＿＿＿＿＿＿

	日付				
	セラピスト				
DTT					
1					
2					
3					
4					
5					
6					
7					
8					
9					
10					
その他の課題					
課題内容					
課題内容					
課題内容					
課題内容					
引き継ぎ事項	コメント	コメント	コメント	コメント	

©一般社団法人 東京ABA発達支援協会

巻末付録

付録6

行動の記録シート

(氏名：　　　　　　　　)

	日 (日)	日 (月)	日 (火)	日 (水)	日(木)	日 (金)	日 (土)
6:00-6:30							
6:30-7:00							
7:00-7:30							
7:30-8:00							
8:00-8:30							
8:30-9:00							
9:00-9:30							
9:30-10:00							
10:00-10:30							
10:30-11:00							
11:00-11:30							
11:30-12:00							
12:00-12:30							
12:30-13:00							
13:00-13:30							
13:30-14:00							
14:00-14:30							
14:30-15:00							
15:00-15:30							
15:30-16:00							
16:00-16:30							
16:30-17:00							
17:00-17:30							
17:30-18:00							
18:00-18:30							
18:30-19:00							
19:00-19:30							
19:30-20:00							
20:00-20:30							
20:30-21:00							
21:00-21:30							
21:30-22:00							
22:00-22:30							
22:30-24:00							
0:00-0:30							
0:30-1:00							
1:00-1:30							
1:30-2:00							
2:00-2:30							
2:30-3:00							
3:00-3:30							
3:30-4:00							
4:00-4:30							
4:30-5:00							
5:00-5:30							
5:30-6:00							

©一般社団法人 東京ABA発達支援協会

おわりに

　近年、発達の遅れや障がいは、ますます増加傾向にあり、早期発見や早期介入のニーズは高まるばかりです。ABA療育は、もともと自閉症に有効とされるため、自閉症以外の障がいには効果がない、適切ではないと思われることがありますが、課題を小さなステップに分けて目標を明確にし、系統的に練習していくアプローチは、さまざまな発達的課題のあるお子さんに療育効果をもたらしています。

　また本書でも、小さなお子さん向けの基礎的なDTTプログラムをまとめており、ABA療育は小さな子どものみ、あるいは障がいの重い子どものみを対象にしているのかと誤解されるかもしれませんが、ABA療育は決して限られたお子さんにだけ効果があるというわけではありません。

　その他の誤解として、ABA療育は、ともすると「機械的」だとか「スパルタ」だというような印象をもたれますが、ABA療育で大切にしているのは、お子さんが楽しくできることを増やし、「できたぞ」という気持ちや「もっと頑張りたい」という気持ちを育てることです。お子さんが、そして療育をしているあなたが、もし楽しく感じていないのであれば、ABA療育としては何かが間違っているのかもしれません。繰り返しになりますが、『楽しくなければABA療育じゃない』のです。

　もちろん療育の長い過程では、いつも楽しいばかりではなく、なかなかうまく進まずに、がっかりしたりうんざりしたりすることもあるかもしれません。しかし、そのような時も「ABA療育が合わない」と諦めてしまわないでください。まったく先が見えないように思える時も、ABA理論をもとに、細かくデータを見ていけば、必ず改善策や解決策が見つけられるはずです。難しい時は、どうぞ専門家の力を借りてください。もし身の回りに専門家が見つからなければ、ぜひ私たちにご相談ください。

【一般社団法人東京ABA発達支援協会 https://tokyoabasupport.org】

　最後になりますが、昨年、私たちは活動開始から15周年を祝いました。今回、セラピスト3名と協力し、日頃の活動を書籍として形にできたことを嬉しく感じるとともに、私たちの療育活動にご理解、ご協力いただいているご家族の皆さま、医療、教育関係者の皆さまに、感謝の気持ちを伝えたいと思います。また、根気強く励ましてくださった学苑社の杉本氏に敬意を表します。

橘川佳奈

参考文献

Cooper, J. O., Heron, T. E., & Heward, W. L. (2007). *Applied Behavior Analysis, 2ᵈed*. Pearson/ Merrill-Prentice Halll, Inc.

Leaf R. & McEachin, J. (Eds.) (1999). *A Work in Progress: Behavior Management Strategies and a Curriculum for Intensive Behavioral Treatment of Autism*. DRL Books, L.L.C.

Maurice, C., Green G., & Luce S. C. (Eds.) (1996). *Behavioral Intervention for Young Children with Autism: A Manual for Parents and Professionals*. Pro-ed.

Miller, L. K. (1997). *Principles of Everyday Behavioral Analysis, 3ʳᵈed*. Brooks/Cole Publishing Co.

三田地真実・岡村章司著　井上雅彦監修 (2019). 保護者と先生のための応用行動分析入門ハンドブック—子どもの行動を「ありのまま観る」ために. 金剛出版.

日本行動分析学会編　山本淳一・武藤崇・鎌倉やよい責任編集 (2015). ケースで学ぶ行動分析学による問題解決. 金剛出版.

山本淳一・池田聡子 (2007). できる！をのばす行動と学習の支援—応用行動分析によるポジティブ思考の特別支援教育. 日本標準.

【監修者紹介】

一般社団法人東京 ABA 発達支援協会

2008 年東京都港区で『東京 ABA 支援の会』として開業。その後 2012 年に法人化。乳幼児から小学生を対象に、個別療育、グループ療育、保護者トレーニングなどの通所型のサービスを提供しており、年間 100 名前後の子どもが通っている。その他、園や小学校への訪問コンサルテーション、講習会、職員研修も定期的に行っている。
ホームページ：https://tokyoabasupport.org

【編著者紹介】

橘川 佳奈（きつかわ・かな）

一般社団法人東京 ABA 発達支援協会 代表・統括ディレクター
BCBA（Board Certified Behavior Analyst）、公認心理師、保育士、ニューヨーク州言語聴覚障害児教育教諭、幼児初等教育・特別支援教育教諭
専門は応用行動分析学、言語病理学、障害児教育および保育。協会運営の他に、小学校特別支援教室での訪問指導、大学での保育士養成に携わっている。

【執筆協力者】

長谷川 瑞恵（はせがわ・みずえ）［第 I 部／第 III 部］

一般社団法人東京 ABA 発達支援協会 スーパーバイザー
BCBA（Board Certified Behavior Analyst）

大谷 優実（おおたに・ゆうみ）［第 I 部］

一般社団法人東京 ABA 発達支援協会 シニアセラピスト
臨床心理士、公認心理師

西島 有美子（にしじま・ゆみこ）［第 I 部］

一般社団法人東京 ABA 発達支援協会 リードセラピスト
RBT（Registered Behavior Technician）、臨床心理士、公認心理師

装丁　有泉武己

ABA 早期療育プログラム
DTT の理解と実践 ©2024

2024年9月25日　初版第1刷発行

監修者　一般社団法人
　　　　東京 ABA 発達支援協会
編著者　橘川佳奈
発行者　杉本哲也
発行所　株式会社　学 苑 社
東京都千代田区富士見2-10-2
電話　　03（3263）3817
FAX　　03（3263）2410
振替　　00100-7-177379
印刷・製本　藤原印刷株式会社

検印省略
乱丁落丁はお取り替えいたします。
定価はカバーに表示してあります。

ISBN978-4-7614-0859-6　C3037

応用行動分析学（ABA）

応用行動分析学（ABA）テキストブック
基礎知識から保育・学校・福祉場面への応用まで

野呂文行【監修】
永冨大舗・朝岡寛史【編著】

B5判●定価 3960 円

多くの演習問題から学ぶことができ、授業や研修会のテキストとしても最適な応用行動分析学（ABA）を学ぶための入門書。

応用行動分析学（ABA）

VB 指導法
発達障がいのある子のための
言語・コミュニケーション指導

メアリー・リンチ・バーベラ【著】
杉山尚子【監訳】
上村裕章【訳】

A5判●定価 3740 円

ABA（応用行動分析学）に基づいた VB（言語行動）指導法について、わかりやすく解説。すぐに実践できるプログラムを紹介。

幼児支援

保育者ができる 気になる行動を示す幼児への支援
応用行動分析学に基づく実践ガイドブック

野呂文行・高橋雅江【監修】
永冨大舗・原口英之【編著】

B5判●定価 2090 円

現場で子どもたちの示す問題に関する事例を示しながら、問題解決に必要な、行動を分析する方法を応用行動分析学の視点から解説。

応用行動分析学（ABA）

施設職員 ABA 支援入門
行動障害のある人へのアプローチ

村本浄司【著】

A5判●定価 2750 円

強度行動障害に取り組む施設職員待望の1冊！ 紹介される理論と方法とアイデアには、著者の長年の実践研究の裏付けがある。

いじめ

いじめ防止の３Ｒ
すべての子どもへのいじめの予防と対処

ロリ・アーンスパーガー【著】
奥田健次【監訳】
冬崎友理【訳】

A5判●定価 3300 円

「認識すること（Recognize）、対応すること（Respond）、報告すること（Report）」という３Ｒの枠組みを中心に導入方法を解説。

自閉スペクトラム症

自閉症児のための明るい療育相談室
親と教師のための楽しいＡＢＡ講座

奥田健次・小林重雄【著】

A5判●定価 2750 円

行動の原理に基づいた教育方法をＱ＆Ａ方式で紹介。具体的な技法や理論・経験によって裏打ちされたアイデアが満載。

税 10%込みの価格です

学苑社 Tel 03-3263-3817 〒102-0071 東京都千代田区富士見 2-10-2
Fax 03-3263-2410 E-mail: info@gakuensha.co.jp https://www.gakuensha.co.jp/